T&P BOOKS

HÚNGARO

VOCABULÁRIO

PALAVRAS MAIS ÚTEIS

PORTUGUÊS HÚNGARO

Para alargar o seu léxico e apurar as suas competências linguísticas

3000 palavras

Vocabulário Português-Húngaro - 3000 palavras

Por Andrey Taranov

Os vocabulários da T&P Books destinam-se a ajudar a aprender, a memorizar, e a rever palavras estrangeiras. O dicionário é dividido em temas, cobrindo todas as principais esferas de atividades quotidianas, negócios, ciência, cultura, etc.

O processo de aprendizagem, utilizando os dicionários baseados em temáticas da T&P Books dá-lhe as seguintes vantagens:

- Informação de origem corretamente agrupada predetermina o sucesso em fases subsequentes da memorização de palavras
- Disponibilização de palavras derivadas da mesma raiz, o que permite a memorização de unidades de texto (em vez de palavras separadas)
- Pequenas unidades de palavras facilitam o processo de estabelecimento de vínculos associativos necessários para a consolidação do vocabulário
- O nível de conhecimento da língua pode ser estimado pelo número de palavras aprendidas

T&P Books Publishing
www.tpbooks.com

ISBN: 978-1-78400-947-2

Este livro também está disponível em formato E-book.
Por favor visite www.tpbooks.com ou as principais livrarias on-line.

VOCABULÁRIO HÚNGARO
palavras mais úteis

Os vocabulários da T&P Books destinam-se a ajudar a aprender, a memorizar, e a rever palavras estrangeiras. O vocabulário contém mais de 3000 palavras de uso comum organizadas tematicamente.

O vocabulário contém as palavras mais comummente usadas

Recomendado como adicional para qualquer curso de línguas

Satisfaz as necessidades dos iniciados e dos alunos avançados de línguas estrangeiras

Conveniente para o uso diário, sessões de revisão e atividades de auto-teste

Permite avaliar o seu vocabulário

Características especias do vocabulário

- As palavras estão organizadas de acordo com o seu significado, e não por ordem alfabética
- As palavras são apresentadas em três colunas para facilitar os processos de revisão e auto-teste
- As palavras compostas são divididas em pequenos blocos para facilitar o processo de aprendizagem
- O vocabulário oferece uma transcrição simples e adequada de cada palavra estrangeira

O vocabulário contém 101 tópicos incluindo:

Conceitos básicos, Números, Cores, Meses, Estações do ano, Unidades de medida, Roupas & Acessórios, Alimentos & Nutrição, Restaurante, Membros da Família, Parentes, Caráter, Sentimentos, Emoções, Doenças, Cidade, Passeios, Compras, Dinheiro, Casa, Lar, Escritório, Trabalho no Escritório, Importação & Exportação, Marketing, Pesquisa de Emprego, Desportos, Educação, Computador, Internet, Ferramentas, Natureza, Países, Nacionalidades e muito mais ...

TABELA DE CONTEÚDOS

GUIA DE PRONUNCIAÇÃO

Alfabeto fonético T&P	Exemplo Húngaro	Exemplo Português

Vogais

[ɒ]	**takaró** [tɒkɒro:]	chamar
[a:]	**bátor** [ba:tor]	rapaz
[ɛ]	**öreg** [ørɛg]	mesquita
[e:]	**csésze** [ʧɛ:sɛ]	plateia
[i]	**viccel** [vitsɛl]	sinónimo
[i:]	**híd** [hi:d]	cair
[o]	**komoly** [komoj]	lobo
[o:]	**óvoda** [o:vodɒ]	albatroz
[ø]	**könny** [køɲ:]	orgulhoso
[ø:]	**rendőr** [rɛndø:r]	orgulhoso
[u]	**tud** [tud]	bonita
[u:]	**bútor** [bu:tor]	blusa
[y]	**üveg** [yvɛg]	questionar
[y:]	**tűzoltó** [ty:zolto:]	vermelho

Consoantes

[b]	**borsó** [borʃo:]	barril
[c]	**kutya** [kucɒ]	Tchim-tchim!
[ʦ]	**recept** [rɛtsɛpt]	tsé-tsé
[ʧ]	**bocsát** [boʧa:t]	Tchau!
[d]	**dal** [dɒl]	dentista
[ʣ]	**edző** [ɛʣø:]	pizza
[ʤ]	**dzsem** [ʤɛm]	adjetivo
[f]	**feltétel** [fɛlte:tɛl]	safári
[g]	**régen** [re:gɛn]	gosto
[h]	**homok** [homok]	[h] aspirada
[j]	**játszik** [ja:ʦik]	géiser
[ɟ]	**negyven** [nɛɟvɛn]	jingle
[k]	**katalógus** [kɒtɒlo:guʃ]	kiwi
[l]	**olcsó** [olʧo:]	libra
[m]	**megment** [mɛgmɛnt]	magnólia
[n]	**négyzet** [ne:ɟzɛt]	natureza
[ŋ]	**senki** [ʃɛŋki]	alcançar
[ɲ]	**kanyar** [kɒɲɒr]	ninhada
[p]	**pizsama** [piʒɒmɒ]	presente
[r]	**köröm** [kørøm]	riscar

Alfabeto fonético T&P	Exemplo Húngaro	Exemplo Português
[s]	**szoknya** [sokɲɒ]	sanita
[ʃ]	**siet** [ʃiɛt]	mês
[t]	**táska** [ta:ʃkɒ]	tulipa
[v]	**vezető** [vɛzɛtø:]	fava
[z]	**frizura** [frizurɒ]	sésamo
[ʒ]	**mazsola** [mɒʒolɒ]	talvez

ABREVIATURAS usadas no vocabulário

Abreviaturas do Português

adj	-	adjetivo
adv	-	advérbio
anim.	-	animado
conj.	-	conjunção
desp.	-	desporto
etc.	-	etecetra
ex.	-	por exemplo
f	-	nome feminino
f pl	-	feminino plural
fem.	-	feminino
inanim.	-	inanimado
m	-	nome masculino
m pl	-	masculino plural
m, f	-	masculino, feminino
masc.	-	masculino
mat.	-	matemática
mil.	-	militar
pl	-	plural
prep.	-	preposição
pron.	-	pronome
sb.	-	sobre
sing.	-	singular
v aux	-	verbo auxiliar
vi	-	verbo intransitivo
vi, vt	-	verbo intransitivo, transitivo
vr	-	verbo reflexivo
vt	-	verbo transitivo

CONCEITOS BÁSICOS

1. Pronomes

eu	**én**	[e:n]
tu	**te**	[tɛ]
ele, ela	**ő**	[ø:]
nós	**mi**	[mi]
vocês	**ti**	[ti]
eles, elas	**ők**	[ø:k]

2. Cumprimentos. Saudações

Olá!	**Szervusz!**	[sɛrvus]
Bom dia! (formal)	**Szervusztok!**	[sɛrvustok]
Bom dia! (de manhã)	**Jó reggelt!**	[jo: rɛggɛlt]
Boa tarde!	**Jó napot!**	[jo: nɒpot]
Boa noite!	**Jó estét!**	[jo: ɛʃte:t]
cumprimentar (vt)	**köszönt**	[køsønt]
Olá!	**Szia!**	[siɒ]
saudação (f)	**üdvözlet**	[ydvøzlɛt]
saudar (vt)	**üdvözöl**	[ydvøzøl]
Como vai?	**Hogy vagy?**	[hoɟ vɒɟ]
O que há de novo?	**Mi újság?**	[mi u:jʃa:g]
Até à vista!	**Viszontlátásra!**	[visont la:ta:ʃrɒ]
Até breve!	**A közeli viszontlátásra!**	[ɒ køzɛli visont la:ta:ʃrɒ]
Adeus! (sing.)	**Isten veled!**	[iʃtɛn vɛlɛd]
Adeus! (pl)	**Isten vele!**	[iʃtɛn vɛlɛ]
despedir-se (vr)	**elbúcsúzik**	[ɛlbu:ʧu:zik]
Até logo!	**Viszlát!**	[visla:t]
Obrigado! -a!	**Köszönöm!**	[køsønøm]
Muito obrigado! -a!	**Köszönöm szépen!**	[køsønøm se:pɛn]
De nada	**Kérem.**	[ke:rɛm]
Não tem de quê	**szóra sem érdemes**	[so:rɒ ʃɛm e:rdɛmɛʃ]
De nada	**nincs mit**	[ninʧ mit]
Desculpa! -pe!	**Bocsánat!**	[boʧa:nɒt]
desculpar (vt)	**bocsát**	[boʧa:t]
desculpar-se (vr)	**bocsánatot kér**	[boʧa:nɒtot ke:r]
As minhas desculpas	**bocsánatot kérek**	[boʧa:nɒtot ke:rɛk]
Desculpe!	**Elnézést!**	[ɛlne:ze:ʃt]
perdoar (vt)	**bocsát**	[boʧa:t]
por favor	**kérem szépen**	[ke:rɛm se:pɛn]

Não se esqueça!	**Ne felejtse!**	[nɛ fɛlɛjtʃɛ]
Certamente! Claro!	**Persze!**	[pɛrsɛ]
Claro que não!	**Persze nem!**	[pɛrsɛ nɛm]
Está bem! De acordo!	**Jól van!**	[jo:l vɒn]
Basta!	**Elég!**	[ɛle:g]

3. Questões

Quem?	**Ki?**	[ki]
Que?	**Mi?**	[mi]
Onde?	**Hol?**	[hol]
Para onde?	**Hová?**	[hova:]
De onde?	**Honnan?**	[honnɒn]
Quando?	**Mikor?**	[mikor]
Para quê?	**Minek?**	[minɛk]
Porquê?	**Miért?**	[mie:rt]
Para quê?	**Miért?**	[mie:rt]
Como?	**Hogy? Hogyan?**	[hoɟ], [hoɟɒn]
Qual?	**Milyen?**	[mijɛn]
Qual? (entre dois ou mais)	**Melyik?**	[mɛjik]
A quem?	**Kinek?**	[kinɛk]
Sobre quem?	**Kiről?**	[kirø:l]
Do quê?	**Miről?**	[mirø:l]
Com quem?	**Kivel?**	[kivɛl]
Quantos? -as?	**Hány?**	[ha:ɲ]
Quanto?	**Mennyi?**	[mɛɲɲi]
De quem? (masc.)	**Kié?**	[kie:]

4. Preposições

com (prep.)	**val, -vel**	[-vɒl, -vɛl]
sem (prep.)	**nélkül**	[ne:lkyl]
a, para (exprime lugar)	**ba, -be**	[bɒ, -bɛ]
sobre (ex. falar ~)	**ról, -ről**	[ro:l, -rø:l]
antes de …	**előtt**	[ɛlø:tt]
diante de …	**előtt**	[ɛlø:tt]
sob (debaixo de)	**alatt**	[ɒlɒtt]
sobre (em cima de)	**fölött**	[føløtt]
sobre (~ a mesa)	**n**	[n]
de (vir ~ Lisboa)	**ból, -ből**	[bo:l, -bø:l]
de (feito ~ pedra)	**ból, -ből**	[bo:l, -bø:l]
dentro de (~ dez minutos)	**múlva**	[mu:lvɒ]
por cima de …	**keresztül**	[kɛrɛstyl]

5. Palavras funcionais. Advérbios. Parte 1

Onde?	**Hol?**	[hol]
aqui	**itt**	[itt]
lá, ali	**ott**	[ott]
em algum lugar	**valahol**	[vɒlɒhol]
em lugar nenhum	**sehol**	[ʃɛhol]
ao pé de ...	**mellett, nál, -nél**	[mɛllɛtt], [na:l, -ne:l]
ao pé da janela	**az ablaknál**	[ɒz ɒblɒkna:l]
Para onde?	**Hová?**	[hova:]
para cá	**ide**	[idɛ]
para lá	**oda**	[odɒ]
daqui	**innen**	[innɛn]
de lá, dali	**onnan**	[onnɒn]
perto	**közel**	[køzɛl]
longe	**messze**	[mɛssɛ]
perto de ...	**mellett**	[mɛllɛtt]
ao lado de	**a közelben**	[ɒ køzɛlbɛn]
perto, não fica longe	**nem messze**	[nɛm mɛssɛ]
esquerdo	**bal**	[bɒl]
à esquerda	**balra**	[bɒlrɒ]
para esquerda	**balra**	[bɒlrɒ]
direito	**jobb**	[jobb]
à direita	**jobbra**	[jobbrɒ]
para direita	**jobbra**	[jobbrɒ]
à frente	**elöl**	[ɛløl]
da frente	**elülső**	[ɛlylʃø:]
em frente (para a frente)	**előre**	[ɛlø:rɛ]
atrás de ...	**hátul**	[ha:tul]
por detrás (vir ~)	**hátulról**	[ha:tulro:l]
para trás	**hátra**	[ha:trɒ]
meio (m), metade (f)	**közép**	[køze:p]
no meio	**középen**	[køze:pɛn]
de lado	**oldalról**	[oldɒlro:l]
em todo lugar	**mindenütt**	[mindɛnytt]
ao redor (olhar ~)	**körül**	[køryl]
de dentro	**belülről**	[bɛlylrø:l]
para algum lugar	**valahova**	[vɒlɒhovɒ]
diretamente	**egyenesen**	[ɛɟɛnɛʃɛn]
de volta	**visszafelé**	[vissɒfɛle:]
de algum lugar	**valahonnan**	[vɒlɒhonnɒn]
de um lugar	**valahonnan**	[vɒlɒhonnɒn]

em primeiro lugar	**először**	[ɛlø:sør]
em segundo lugar	**másodszor**	[ma:ʃodsor]
em terceiro lugar	**harmadszor**	[hɒrmɒdsor]
de repente	**hirtelen**	[hirtɛlɛn]
no início	**eleinte**	[ɛlɛintɛ]
pela primeira vez	**először**	[ɛlø:sør]
muito antes de ...	**jóval ... előtt**	[jo:vɒl ... ɛlø:tt]
de novo, novamente	**újra**	[u:jrɒ]
para sempre	**mindörökre**	[mindørøkrɛ]
nunca	**soha**	[ʃohɒ]
de novo	**ismét**	[iʃme:t]
agora	**most**	[moʃt]
frequentemente	**gyakran**	[ɟokrɒn]
então	**akkor**	[ɒkkor]
urgentemente	**sürgősen**	[ʃyrgø:ʃɛn]
usualmente	**általában**	[a:ltɒla:bɒn]
a propósito, ...	**apropó**	[ɒpropo:]
é possível	**lehetséges**	[lɛhɛʧe:gɛʃ]
provavelmente	**valószínűleg**	[vɒlo:si:ny:lɛg]
talvez	**talán**	[tɒla:n]
além disso, ...	**azon kívül ...**	[ɒzon ki:vyl]
por isso ...	**ezért**	[ɛze:rt]
apesar de ...	**nek ellenére**	[nɛk ɛllɛne:rɛ]
graças a ...	**... köszenhetően**	[køsɛnhɛtø:ɛn]
que (pron.)	**mi**	[mi]
que (conj.)	**ami**	[ɒmi]
algo	**valami**	[vɒlɒmi]
alguma coisa	**valami**	[vɒlɒmi]
nada	**semmi**	[ʃɛmmi]
quem	**ki**	[ki]
alguém (~ teve uma ideia ...)	**valaki**	[vɒlɒki]
alguém	**valaki**	[vɒlɒki]
ninguém	**senki**	[ʃɛŋki]
para lugar nenhum	**sehol**	[ʃɛhol]
de ninguém	**senkié**	[ʃɛŋkie:]
de alguém	**valakié**	[vɒlɒkie:]
tão	**így**	[i:ɟ]
também (gostaria ~ de ...)	**is**	[iʃ]
também (~ eu)	**is**	[iʃ]

6. Palavras funcionais. Advérbios. Parte 2

Porquê?	**Miért?**	[mie:rt]
por alguma razão	**valamiért**	[vɒlɒmie:rt]
porque ...	**azért, mert ...**	[ɒze:rt], [mɛrt]
por qualquer razão	**valamiért**	[vɒlɒmie:rt]
e (tu ~ eu)	**és**	[e:ʃ]

ou (ser ~ não ser)	**vagy**	[vɒɟ]
mas (porém)	**de**	[dɛ]
para (~ a minha mãe)	**... céljából**	[tse:ja:bo:l]
demasiado, muito	**túl**	[tu:l]
só, somente	**csak**	[ʧɒk]
exatamente	**pontosan**	[pontoʃɒn]
cerca de (~ 10 kg)	**körülbelül**	[kørylbɛlyl]
aproximadamente	**körülbelül**	[kørylbɛlyl]
aproximado	**megközelítő**	[mɛgkøzɛli:tø:]
quase	**majdnem**	[mɒjdnɛm]
resto (m)	**a többi**	[ɒ tøbbi]
cada	**minden**	[mindɛn]
qualquer	**bármilyen**	[ba:rmijɛn]
muito	**sok**	[ʃok]
muitas pessoas	**sokan**	[ʃokɒn]
todos	**mindenki**	[mindɛŋki]
em troca de ...	**ért cserébe**	[e:rt ʧɛre:bɛ]
em troca	**viszonzásul**	[visonza:ʃul]
à mão	**kézzel**	[ke:zzɛl]
pouco provável	**aligha**	[ɒlighɒ]
provavelmente	**valószínűleg**	[vɒlo:si:ny:lɛg]
de propósito	**szándékosan**	[sa:nde:koʃɒn]
por acidente	**véletlenül**	[ve:lɛtlɛnyl]
muito	**nagyon**	[nɒɟøn]
por exemplo	**például**	[pe:lda:ul]
entre	**között**	[køzøtt]
entre (no meio de)	**körében**	[køre:bɛn]
tanto	**annyi**	[ɒɲi]
especialmente	**különösen**	[kyløŋøʃɛn]

NÚMEROS. DIVERSOS

7. Números cardinais. Parte 1

zero	**nulla**	[nullɒ]
um	**egy**	[ɛɟ]
dois	**kettő, két**	[kɛttø:], [ke:t]
três	**három**	[ha:rom]
quatro	**négy**	[ne:ɟ]
cinco	**öt**	[øt]
seis	**hat**	[hɒt]
sete	**hét**	[he:t]
oito	**nyolc**	[ɲolts]
nove	**kilenc**	[kilɛnts]
dez	**tíz**	[ti:z]
onze	**tizenegy**	[tizɛnɛɟ]
doze	**tizenkettő**	[tizɛŋkɛttø:]
treze	**tizenhárom**	[tizɛnha:rom]
catorze	**tizennégy**	[tizɛnne:ɟ]
quinze	**tizenöt**	[tizɛnøt]
dezasseis	**tizenhat**	[tizɛnhɒt]
dezassete	**tizenhét**	[tizɛnhe:t]
dezoito	**tizennyolc**	[tizɛnɲølts]
dezanove	**tizenkilenc**	[tizɛŋkilɛnts]
vinte	**húsz**	[hu:s]
vinte e um	**huszonegy**	[husonɛɟ]
vinte e dois	**huszonkettő**	[huson kɛttø:]
vinte e três	**huszonhárom**	[huson ha:rom]
trinta	**harminc**	[hɒrmints]
trinta e um	**harmincegy**	[hɒrmintsɛɟ]
trinta e dois	**harminckettő**	[hɒrmints kɛttø:]
trinta e três	**harminchárom**	[hɒrmintsha:rom]
quarenta	**negyven**	[nɛɟvɛn]
quarenta e um	**negyvenegy**	[nɛɟvɛnɛɟ]
quarenta e dois	**negyvenkettő**	[nɛɟvɛn kɛttø:]
quarenta e três	**negyvenhárom**	[nɛɟvɛn ha:rom]
cinquenta	**ötven**	[øtvɛn]
cinquenta e um	**ötvenegy**	[øtvɛnɛɟ]
cinquenta e dois	**ötvenkettő**	[øtvɛn kɛttø:]
cinquenta e três	**ötvenhárom**	[øtvɛn ha:rom]
sessenta	**hatvan**	[hɒtvɒn]
sessenta e um	**hatvanegy**	[hɒtvɒnɛɟ]

sessenta e dois	**hatvankettő**	[hɒtvɒn kɛttø:]
sessenta e três	**hatvanhárom**	[hɒtvɒn ha:rom]
setenta	**hetven**	[hɛtvɛn]
setenta e um	**hetvenegy**	[hɛtvɛnɛɟ]
setenta e dois	**hetvenkettő**	[hɛtvɛn kɛttø:]
setenta e três	**hetvenhárom**	[hɛtvɛn ha:rom]
oitenta	**nyolcvan**	[ɲoltsvɒn]
oitenta e um	**nyolcvanegy**	[ɲoltsvɒnɛɟ]
oitenta e dois	**nyolcvankettő**	[ɲoltsvɒn kɛttø:]
oitenta e três	**nyolcvanhárom**	[ɲoltsvɒn ha:rom]
noventa	**kilencven**	[kilɛntsvɛn]
noventa e um	**kilencvenegy**	[kilɛntsvɛnɛɟ]
noventa e dois	**kilencvenkettő**	[kilɛntsvɛn kɛttø:]
noventa e três	**kilencvenhárom**	[kilɛntsvɛn ha:rom]

8. Números cardinais. Parte 2

cem	**száz**	[sa:z]
duzentos	**kétszáz**	[ke:tsa:z]
trezentos	**háromszáz**	[ha:romsa:z]
quatrocentos	**négyszáz**	[ne:ɟsa:z]
quinhentos	**ötszáz**	[øtsa:z]
seiscentos	**hatszáz**	[hɒtsa:z]
setecentos	**hétszáz**	[he:tsa:z]
oitocentos	**nyolcszáz**	[ɲoltssa:z]
novecentos	**kilencszáz**	[kilɛntssa:z]
mil	**ezer**	[ɛzɛr]
dois mil	**kétezer**	[ke:tɛzɛr]
De quem são ...?	**háromezer**	[ha:romɛzɛr]
dez mil	**tízezer**	[ti:zɛzɛr]
cem mil	**százezer**	[sa:zɛzɛr]
um milhão	**millió**	[millio:]
mil milhões	**milliárd**	[millia:rd]

9. Números ordinais

primeiro	**első**	[ɛlʃø:]
segundo	**második**	[ma:ʃodik]
terceiro	**harmadik**	[hɒrmɒdik]
quarto	**negyedik**	[nɛɟɛdik]
quinto	**ötödik**	[øtødik]
sexto	**hatodik**	[hɒtodik]
sétimo	**hetedik**	[hɛtɛdik]
oitavo	**nyolcadik**	[ɲoltsɒdik]
nono	**kilencedik**	[kilɛntsɛdik]
décimo	**tizedik**	[tizɛdik]

CORES. UNIDADES DE MEDIDA

10. Cores

cor (f)	**szín**	[si:n]
matiz (m)	**árnyalat**	[a:ɲɒlɒt]
tom (m)	**tónus**	[to:nuʃ]
arco-íris (m)	**szivárvány**	[siva:rva:ɲ]
branco	**fehér**	[fɛhe:r]
preto	**fekete**	[fɛkɛtɛ]
cinzento	**szürke**	[syrkɛ]
verde	**zöld**	[zøld]
amarelo	**sárga**	[ʃa:rgɒ]
vermelho	**piros**	[piroʃ]
azul	**kék**	[ke:k]
azul claro	**világoskék**	[vila:goʃke:k]
rosa	**rózsaszínű**	[ro:ʒɒsi:ny:]
laranja	**narancssárga**	[nɒrɒnʧ ʃa:rgɒ]
violeta	**lila**	[lilɒ]
castanho	**barna**	[bɒrnɒ]
dourado	**arany**	[ɒrɒɲ]
prateado	**ezüstös**	[ɛzyʃtøʃ]
bege	**bézs**	[be:ʒ]
creme	**krémszínű**	[kre:msi:ny:]
turquesa	**türkizkék**	[tyrkiske:k]
vermelho cereja	**meggyszínű**	[mɛɟ si:ny:]
lilás	**lila**	[lilɒ]
carmesim	**málnaszínű**	[ma:lnɒ si:ny:]
claro	**világos**	[vila:goʃ]
escuro	**sötét**	[ʃøte:t]
vivo	**élénk**	[e:le:ŋk]
de cor	**színes**	[si:nɛʃ]
a cores	**színes**	[si:nɛʃ]
preto e branco	**feketefehér**	[fɛkɛtɛfɛhe:r]
unicolor	**egyszínű**	[ɛcsi:ny:]
multicor	**sokszínű**	[ʃoksi:ny:]

11. Unidades de medida

peso (m)	**súly**	[ʃu:j]
comprimento (m)	**hosszúság**	[hossu:ʃa:g]

largura (f)	**szélesség**	[se:lɛʃe:g]
altura (f)	**magasság**	[mɒgɒʃa:g]
profundidade (f)	**mélység**	[me:jʃe:g]
volume (m)	**térfogat**	[te:rfogɒt]
área (f)	**terület**	[tɛrylɛt]
grama (m)	**gramm**	[grɒmm]
miligrama (m)	**milligramm**	[milligrɒmm]
quilograma (m)	**kilógramm**	[kilo:grɒmm]
tonelada (f)	**tonna**	[tonnɒ]
libra (453,6 gramas)	**font**	[font]
onça (f)	**uncia**	[untsiɒ]
metro (m)	**méter**	[me:tɛr]
milímetro (m)	**milliméter**	[millime:tɛr]
centímetro (m)	**centiméter**	[tsɛntime:tɛr]
quilómetro (m)	**kilométer**	[kilome:tɛr]
milha (f)	**mérföld**	[me:rføld]
polegada (f)	**hüvelyk**	[hyvɛjk]
pé (304,74 mm)	**láb**	[la:b]
jarda (914,383 mm)	**yard**	[jard]
metro (m) quadrado	**négyzetméter**	[ne:ɟzɛtme:tɛr]
hectare (m)	**hektár**	[hɛkta:r]
litro (m)	**liter**	[litɛr]
grau (m)	**fok**	[fok]
volt (m)	**volt**	[volt]
ampere (m)	**amper**	[ɒmpɛr]
cavalo-vapor (m)	**lóerő**	[lo:ɛrø:]
quantidade (f)	**mennyiség**	[mɛɲɲiʃe:g]
um pouco de ...	**egy kicsit ...**	[ɛɟ: kiʧit]
metade (f)	**fél**	[fe:l]
dúzia (f)	**tucat**	[tutsɒt]
peça (f)	**darab**	[dɒrɒb]
dimensão (f)	**méret**	[me:rɛt]
escala (f)	**lépték**	[le:pte:k]
mínimo	**minimális**	[minima:liʃ]
menor, mais pequeno	**legkisebb**	[lɛgkiʃɛbb]
médio	**közép**	[køze:p]
máximo	**maximális**	[mɒksima:liʃ]
maior, mais grande	**legnagyobb**	[lɛgnɒɟøbb]

12. Recipientes

boião (m) de vidro	**befőttes üveg**	[bɛfø:tɛs yvɛg]
lata (~ de cerveja)	**bádogdoboz**	[ba:dogdoboz]
balde (m)	**vödör**	[vødør]
barril (m)	**hordó**	[hordo:]
bacia (~ de plástico)	**tál**	[ta:l]

tanque (m)	**tartály**	[tɒrta:j]
cantil (m) de bolso	**kulacs**	[kulɒʧ]
bidão (m) de gasolina	**kanna**	[kɒnnɒ]
cisterna (f)	**ciszterna**	[tsistɛrnɒ]
caneca (f)	**bögre**	[bøgrɛ]
chávena (f)	**csésze**	[ʧe:sɛ]
pires (m)	**csészealj**	[ʧe:sɛɒj]
copo (m)	**pohár**	[poha:r]
taça (f) de vinho	**borospohár**	[boroʃpoha:r]
panela, caçarola (f)	**lábas**	[la:bɒʃ]
garrafa (f)	**üveg**	[yvɛg]
gargalo (m)	**nyak**	[ɲɒk]
jarro, garrafa (f)	**butélia**	[bute:liɒ]
jarro (m) de barro	**korsó**	[korʃo:]
recipiente (m)	**edény**	[ɛde:ɲ]
pote (m)	**köcsög**	[køʧøg]
vaso (m)	**váza**	[va:zɒ]
frasco (~ de perfume)	**kölnisüveg**	[kølniʃyvɛg]
frasquinho (ex. ~ de iodo)	**üvegcse**	[yvɛgʧɛ]
tubo (~ de pasta dentífrica)	**tubus**	[tubuʃ]
saca (ex. ~ de açúcar)	**zsák**	[ʒa:k]
saco (~ de plástico)	**zacskó**	[zɒʧko:]
maço (m)	**csomag**	[ʧomɒg]
caixa (~ de sapatos, etc.)	**doboz**	[doboz]
caixa (~ de madeira)	**láda**	[la:dɒ]
cesta (f)	**kosár**	[koʃa:r]

VERBOS PRINCIPAIS

13. Os verbos mais importantes. Parte 1

abrir (vt)	**nyit**	[ɲit]
acabar, terminar (vt)	**befejez**	[bɛfɛjɛz]
aconselhar (vt)	**tanácsol**	[tɒna:ʧol]
adivinhar (vt)	**kitalál**	[kitɒla:l]
advertir (vt)	**figyelmeztet**	[fiɟɛlmɛztɛt]
ajudar (vt)	**segít**	[ʃɛgi:t]
almoçar (vi)	**ebédel**	[ɛbe:dɛl]
alugar (~ um apartamento)	**bérel**	[be:rɛl]
amar (vt)	**szeret**	[sɛrɛt]
ameaçar (vt)	**fenyeget**	[fɛɲɛgɛt]
anotar (escrever)	**feljegyez**	[fɛljɛɟɛz]
apanhar (vt)	**fog**	[fog]
apressar-se (vr)	**siet**	[ʃiɛt]
arrepender-se (vr)	**sajnál**	[ʃɒjna:l]
assinar (vt)	**aláír**	[ɒla:i:r]
atirar, disparar (vi)	**lő**	[lø:]
brincar (vi)	**viccel**	[vitsɛl]
brincar, jogar (crianças)	**játszik**	[ja:tsik]
buscar (vt)	**keres**	[kɛrɛʃ]
caçar (vi)	**vadászik**	[vɒda:sik]
cair (vi)	**esik**	[ɛʃik]
cavar (vt)	**ás**	[a:ʃ]
cessar (vt)	**abbahagy**	[ɒbbɒhɒɟ]
chamar (~ por socorro)	**hív**	[hi:v]
chegar (vi)	**érkezik**	[e:rkɛzik]
chorar (vi)	**sír**	[ʃi:r]
começar (vt)	**kezd**	[kɛzd]
comparar (vt)	**összehasonlít**	[øssɛhɒʃonli:t]
compreender (vt)	**ért**	[e:rt]
concordar (vi)	**beleegyezik**	[bɛlɛɛɟɛzik]
confiar (vt)	**rábíz**	[ra:bi:z]
confundir (equivocar-se)	**összetéveszt**	[øssɛte:vɛst]
conhecer (vt)	**ismer**	[iʃmɛr]
contar (fazer contas)	**számol**	[sa:mol]
contar com (esperar)	**számít ...re**	[sa:mi:t ...rɛ]
continuar (vt)	**folytat**	[fojtɒt]
controlar (vt)	**ellenőriz**	[ɛllɛnø:riz]
convidar (vt)	**meghív**	[mɛghi:v]
correr (vi)	**fut**	[fut]

criar (vt)	**teremt**	[tɛrɛmt]
custar (vt)	**kerül**	[kɛryl]

14. Os verbos mais importantes. Parte 2

dar (vt)	**ad**	[ɒd]
dar uma dica	**céloz**	[tse:loz]
decorar (enfeitar)	**díszít**	[di:si:t]
defender (vt)	**véd**	[ve:d]
deixar cair (vt)	**leejt**	[lɛɛjt]
descer (para baixo)	**lemegy**	[lɛmɛɟ]
desculpar-se (vr)	**bocsánatot kér**	[boʧa:nɒtot ke:r]
dirigir (~ uma empresa)	**irányít**	[ira:ni:t]
discutir (notícias, etc.)	**megbeszél**	[mɛgbɛse:l]
dizer (vt)	**mond**	[mond]
duvidar (vt)	**kételkedik**	[ke:tɛlkɛdik]
enganar (vt)	**csal**	[ʧɒl]
entrar (na sala, etc.)	**bemegy**	[bɛmɛɟ]
enviar (uma carta)	**felad**	[fɛlɒd]
errar (equivocar-se)	**hibázik**	[hiba:zik]
escolher (vt)	**választ**	[va:lɒst]
esconder (vt)	**rejt**	[rɛjt]
escrever (vt)	**ír**	[i:r]
esperar (o autocarro, etc.)	**vár**	[va:r]
esperar (ter esperança)	**remél**	[rɛme:l]
esquecer (vt)	**elfelejt**	[ɛlfɛlɛjt]
estudar (vt)	**tanul**	[tɒnul]
exigir (vt)	**követel**	[køvɛtɛl]
existir (vi)	**létezik**	[le:tɛzik]
explicar (vt)	**magyaráz**	[mɒɟɒra:z]
falar (vi)	**beszélget**	[bɛse:lgɛt]
faltar (clases, etc.)	**elmulaszt**	[ɛlmulɒst]
fazer (vt)	**csinál**	[ʧina:l]
ficar em silêncio	**hallgat**	[hɒllgɒt]
gabar-se, jactar-se (vr)	**dicsekedik**	[diʧɛkɛdik]
gostar (apreciar)	**tetszik**	[tɛtsik]
gritar (vi)	**kiabál**	[kiɒba:l]
guardar (cartas, etc.)	**megőriz**	[mɛgø:riz]
informar (vt)	**tájékoztat**	[ta:je:koztɒt]
insistir (vi)	**ragaszkodik**	[rɒgɒskodik]
insultar (vt)	**megsért**	[mɛgʃe:rt]
interessar-se (vr)	**érdeklődik**	[e:rdɛklø:dik]
ir (a pé)	**megy**	[mɛɟ]
ir nadar	**úszni megy**	[u:sni mɛɟ]
jantar (vi)	**vacsorázik**	[vɒʧora:zik]

15. Os verbos mais importantes. Parte 3

ler (vt)	**olvas**	[olvɒʃ]
libertar (cidade, etc.)	**felszabadít**	[fɛlsɒbɒdi:t]
matar (vt)	**megöl**	[mɛgøl]
mencionar (vt)	**megemlít**	[mɛgɛmli:t]
mostrar (vt)	**mutat**	[mutɒt]
mudar (modificar)	**változtat**	[va:ltoztɒt]
nadar (vi)	**úszik**	[u:sik]
negar-se a ...	**lemond**	[lɛmond]
objetar (vt)	**ellentmond**	[ɛllɛntmond]
observar (vt)	**figyel**	[fiɟɛl]
ordenar (mil.)	**parancsol**	[pɒrɒnʧol]
ouvir (vt)	**hall**	[hɒll]
pagar (vt)	**fizet**	[fizɛt]
parar (vi)	**megáll**	[mɛga:ll]
participar (vi)	**részt vesz**	[re:st vɛs]
pedir (comida)	**rendel**	[rɛndɛl]
pedir (um favor, etc.)	**kér**	[ke:r]
pegar (tomar)	**vesz**	[vɛs]
pensar (vt)	**gondol**	[gondol]
perceber (ver)	**észrevesz**	[e:srɛvɛs]
perdoar (vt)	**bocsát**	[boʧa:t]
perguntar (vt)	**kérdez**	[ke:rdɛz]
permitir (vt)	**enged**	[ɛŋgɛd]
pertencer a ...	**tartozik**	[tɒrtozik]
planear (vt)	**tervez**	[tɛrvɛz]
poder (vi)	**tud**	[tud]
possuir (vt)	**rendelkezik**	[rɛndɛlkɛzik]
preferir (vt)	**többre becsül**	[tøbbrɛ bɛʧyl]
preparar (vt)	**készít**	[ke:si:t]
prever (vt)	**előre lát**	[ɛlø:rɛ la:t]
prometer (vt)	**ígér**	[i:ge:r]
pronunciar (vt)	**kiejt**	[kiɛjt]
propor (vt)	**javasol**	[jɒvɒʃol]
punir (castigar)	**büntet**	[byntɛt]

16. Os verbos mais importantes. Parte 4

quebrar (vt)	**tör**	[tør]
queixar-se (vr)	**panaszkodik**	[pɒnɒskodik]
querer (desejar)	**akar**	[ɒkɒr]
recomendar (vt)	**ajánl**	[ɒja:nl]
repetir (dizer outra vez)	**ismétel**	[iʃme:tɛl]
repreender (vt)	**szid**	[sid]
reservar (~ um quarto)	**rezervál**	[rɛzɛrva:l]

responder (vt)	**válaszol**	[va:lɒsol]
rezar, orar (vi)	**imádkozik**	[ima:dkozik]
rir (vi)	**nevet**	[nɛvɛt]
roubar (vt)	**lop**	[lop]
saber (vt)	**tud**	[tud]
sair (~ de casa)	**kimegy**	[kimɛɟ]
salvar (vt)	**megment**	[mɛgmɛnt]
seguir ...	**követ**	[køvɛt]
sentar-se (vr)	**leül**	[lɛyl]
ser necessário	**szükség van**	[sykʃe:g vɒn]
ser, estar	**van**	[vɒn]
significar (vt)	**jelent**	[jɛlɛnt]
sorrir (vi)	**mosolyog**	[moʃojog]
subestimar (vt)	**aláértékel**	[ɒla:e:rte:kɛl]
surpreender-se (vr)	**csodálkozik**	[ʧoda:lkozik]
tentar (vt)	**próbál**	[pro:ba:l]
ter (vt)	**van**	[vɒn]
ter fome	**éhes van**	[e:hɛʃ vɒn]
ter medo	**fél**	[fe:l]
ter sede	**szomjas van**	[somjɒʃ vɒn]
tocar (com as mãos)	**érint**	[e:rint]
tomar o pequeno-almoço	**reggelizik**	[rɛggɛlizik]
trabalhar (vi)	**dolgozik**	[dolgozik]
traduzir (vt)	**fordít**	[fordi:t]
unir (vt)	**egyesít**	[ɛɟɛʃi:t]
vender (vt)	**elad**	[ɛlɒd]
ver (vt)	**lát**	[la:t]
virar (ex. ~ à direita)	**fordul**	[fordul]
voar (vi)	**repül**	[rɛpyl]

TEMPO. CALENDÁRIO

17. Dias da semana

segunda-feira (f)	**hétfő**	[he:tfø:]
terça-feira (f)	**kedd**	[kɛdd]
quarta-feira (f)	**szerda**	[sɛrdɒ]
quinta-feira (f)	**csütörtök**	[ʧytørtøk]
sexta-feira (f)	**péntek**	[pe:ntɛk]
sábado (m)	**szombat**	[sombɒt]
domingo (m)	**vasárnap**	[vɒʃa:rnɒp]
hoje	**ma**	[mɒ]
amanhã	**holnap**	[holnɒp]
depois de amanhã	**holnapután**	[holnɒputa:n]
ontem	**tegnap**	[tɛgnɒp]
anteontem	**tegnapelőtt**	[tɛgnɒpɛlø:tt]
dia (m)	**nap**	[nɒp]
dia (m) de trabalho	**munkanap**	[muŋkɒnɒp]
feriado (m)	**ünnepnap**	[ynnɛpnɒp]
dia (m) de folga	**szabadnap**	[sɒbɒdnɒp]
fim (m) de semana	**hétvég**	[he:tve:g]
o dia todo	**egész nap**	[ɛge:s nɒp]
no dia seguinte	**másnap**	[ma:ʃnɒp]
há dois dias	**két nappal ezelőtt**	[ke:t nɒppɒl ɛzɛlø:tt]
na véspera	**az előző nap**	[ɒz ɛlø:zø: nɒp]
diário	**napi**	[nɒpi]
todos os dias	**naponta**	[nɒpontɒ]
semana (f)	**hét**	[he:t]
na semana passada	**a múlt héten**	[ɒ mu:lt he:tɛn]
na próxima semana	**a következő héten**	[ɒ køvɛtkɛzø: he:tɛn]
semanal	**heti**	[hɛti]
cada semana	**hetente**	[hɛtɛntɛ]
duas vezes por semana	**kétszer hetente**	[ke:tsɛr hɛtɛntɛ]
cada terça-feira	**minden kedd**	[mindɛn kɛdd]

18. Horas. Dia e noite

manhã (f)	**reggel**	[rɛggɛl]
de manhã	**reggel**	[rɛggɛl]
meio-dia (m)	**délidő**	[de:lidø:]
à tarde	**délután**	[de:luta:n]
noite (f)	**este**	[ɛʃtɛ]
à noite (noitinha)	**este**	[ɛʃtɛ]

noite (f)	**éjszak**	[e:jsɒk]
à noite	**éjjel**	[e:jjɛl]
meia-noite (f)	**éjfél**	[e:jfe:l]
segundo (m)	**másodperc**	[ma:ʃodpɛrts]
minuto (m)	**perc**	[pɛrts]
hora (f)	**óra**	[o:rɒ]
meia hora (f)	**félóra**	[fe:lo:rɒ]
quarto (m) de hora	**negyedóra**	[nɛɟɛdo:rɒ]
quinze minutos	**tizenöt perc**	[tizɛnøt pɛrts]
vinte e quatro horas	**teljes nap**	[tɛjɛʃ nɒp]
nascer (m) do sol	**napkelte**	[nɒpkɛltɛ]
amanhecer (m)	**virradat**	[virrɒdɒt]
madrugada (f)	**kora reggel**	[korɒ rɛggɛl]
pôr do sol (m)	**naplemente**	[nɒplɛmɛntɛ]
de madrugada	**kora reggel**	[korɒ rɛggɛl]
hoje de manhã	**ma reggel**	[mɒ rɛggɛl]
amanhã de manhã	**holnap reggel**	[holnɒp rɛggɛl]
hoje à tarde	**ma nappal**	[mɒ nɒppɒl]
à tarde	**délután**	[de:luta:n]
amanhã à tarde	**holnap délután**	[holnɒp de:luta:n]
hoje à noite	**ma este**	[mɒ ɛʃtɛ]
amanhã à noite	**holnap este**	[holnɒp ɛʃtɛ]
às três horas em ponto	**pont három órakor**	[pont ha:rom o:rɒkor]
por volta das quatro	**körülbelül négy órakor**	[kørylbɛlyl ne:ɟ o:rɒkor]
às doze	**tizenkét órára**	[tizɛŋke:t o:ra:rɒ]
dentro de vinte minutos	**húsz perc múlva**	[hu:s pɛrts mu:lvɒ]
dentro duma hora	**egy óra múlva**	[ɛɟ o:rɒ mu:lvɒ]
a tempo	**időben**	[idø:bɛn]
menos um quarto	**háromnegyed**	[ha:romnɛɟɛd]
durante uma hora	**egy óra folyamán**	[ɛɟ: o:rɒ fojɒma:n]
a cada quinze minutos	**minden tizenöt perc**	[mindɛn tizɛnøt pɛrts]
as vinte e quatro horas	**éjjel nappal**	[e:jjɛl nɒppɒl]

19. Meses. Estações

janeiro (m)	**január**	[jɒnua:r]
fevereiro (m)	**február**	[fɛbrua:r]
março (m)	**március**	[ma:rtsiuʃ]
abril (m)	**április**	[a:priliʃ]
maio (m)	**május**	[ma:juʃ]
junho (m)	**június**	[ju:niuʃ]
julho (m)	**július**	[ju:liuʃ]
agosto (m)	**augusztus**	[ɒugustuʃ]
setembro (m)	**szeptember**	[sɛptɛmbɛr]
outubro (m)	**október**	[okto:bɛr]

novembro (m)	**november**	[novɛmbɛr]
dezembro (m)	**december**	[dɛtsɛmbɛr]
primavera (f)	**tavasz**	[tɒvɒs]
na primavera	**tavasszal**	[tɒvɒssɒl]
primaveril	**tavaszi**	[tɒvɒsi]
verão (m)	**nyár**	[ɲa:r]
no verão	**nyáron**	[ɲa:ron]
de verão	**nyári**	[ɲa:ri]
outono (m)	**ősz**	[ø:s]
no outono	**ősszel**	[ø:ssɛl]
outonal	**őszi**	[ø:si]
inverno (m)	**tél**	[te:l]
no inverno	**télen**	[te:lɛn]
de inverno	**téli**	[te:li]
mês (m)	**hónap**	[ho:nɒp]
este mês	**ebben a hónapban**	[ɛbbɛn ɒ ho:nɒpbɒn]
no próximo mês	**a következő hónapban**	[ɒ køvɛtkɛzø: ho:nɒpbɒn]
no mês passado	**a múlt hónapban**	[ɒ mu:lt ho:nɒpbɒn]
há um mês	**egy hónappal ezelőtt**	[ɛɟ ho:nɒppɒl ɛzɛlø:tt]
dentro de um mês	**egy hónap múlva**	[ɛɟ ho:nɒp mu:lvɒ]
dentro de dois meses	**két hónap múlva**	[ke:t ho:nɒp mu:lvɒ]
todo o mês	**az egész hónap**	[ɒz ɛge:s ho:nɒp]
um mês inteiro	**az egész hónap**	[ɒz ɛge:s ho:nɒp]
mensal	**havi**	[hɒvi]
mensalmente	**havonta**	[hɒvontɒ]
cada mês	**minden hónap**	[mindɛn ho:nɒp]
duas vezes por mês	**kétszer havonta**	[ke:tsɛr hɒvontɒ]
ano (m)	**év**	[e:v]
este ano	**ebben az évben**	[ɛbbɛn ɒz e:vbɛn]
no próximo ano	**a következő évben**	[ɒ køvɛtkɛzø: e:vbɛn]
no ano passado	**a múlt évben**	[ɒ mu:lt e:vbɛn]
há um ano	**egy évvel ezelőtt**	[ɛɟ e:vvɛl ɛzɛlø:tt]
dentro dum ano	**egy év múlva**	[ɛɟ e:v mu:lvɒ]
dentro de 2 anos	**két év múlva**	[ke:t e:v mu:lvɒ]
todo o ano	**az egész év**	[ɒz ɛge:s e:v]
um ano inteiro	**az egész év**	[ɒz ɛge:s e:v]
cada ano	**minden év**	[mindɛn e:v]
anual	**évi**	[e:vi]
anualmente	**évente**	[e:vɛntɛ]
quatro vezes por ano	**négyszer évente**	[ne:ɟsɛr e:vɛntɛ]
data (~ de hoje)	**nap**	[nɒp]
data (ex. ~ de nascimento)	**dátum**	[da:tum]
calendário (m)	**naptár**	[nɒpta:r]
meio ano	**fél év**	[fe:l e:v]
seis meses	**félév**	[fe:le:v]

estação (f)	**évszak**	[e:vsɒk]
século (m)	**század**	[sa:zɒd]

VIAGENS. HOTEL

20. Viagens

turismo (m)	**turizmus**	[turizmuʃ]
turista (m)	**turista**	[turiʃtɒ]
viagem (f)	**utazás**	[utɒza:ʃ]
aventura (f)	**kaland**	[kɒlɒnd]
viagem (f)	**utazás**	[utɒza:ʃ]
férias (f pl)	**szabadság**	[sɒbɒdʃa:g]
estar de férias	**szabadságon van**	[sɒbɒdʃa:gon vɒn]
descanso (m)	**pihenés**	[pihɛne:ʃ]
comboio (m)	**vonat**	[vonɒt]
de comboio (chegar ~)	**vonattal**	[vonɒttɒl]
avião (m)	**repülőgép**	[rɛpylø:ge:p]
de avião	**repülőgéppel**	[rɛpylø:ge:ppɛl]
de carro	**autóval**	[ɒuto:vɒl]
de navio	**hajóval**	[hɒjo:vɒl]
bagagem (f)	**csomag**	[ʧomɒg]
mala (f)	**bőrönd**	[bø:rønd]
carrinho (m)	**kocsi**	[koʧi]
passaporte (m)	**útlevél**	[u:tlɛve:l]
visto (m)	**vízum**	[vi:zum]
bilhete (m)	**jegy**	[jɛɟ]
bilhete (m) de avião	**repülőjegy**	[rɛpylø:jɛɟ]
guia (m) de viagem	**útikalauz**	[u:tikɒlɒuz]
mapa (m)	**térkép**	[te:rke:p]
local (m), area (f)	**vidék**	[vide:k]
lugar, sítio (m)	**hely**	[hɛj]
exotismo (m)	**egzotikum**	[ɛgzotikum]
exótico	**egzotikus**	[ɛgzotikuʃ]
surpreendente	**csodálatos**	[ʧoda:lɒtoʃ]
grupo (m)	**csoport**	[ʧoport]
excursão (f)	**kirándulás**	[kira:ndula:ʃ]
guia (m)	**idegenvezető**	[idɛgɛn vɛzɛtø:]

21. Hotel

hotel (m)	**szálloda**	[sa:llodɒ]
motel (m)	**motel**	[motɛl]
três estrelas	**három csillagos**	[ha:rom ʧillɒgoʃ]

cinco estrelas	**öt csillagos**	[øt tʃillɒgoʃ]
ficar (~ num hotel)	**megszáll**	[mɛgsa:ll]
quarto (m)	**szoba**	[sobɒ]
quarto (m) individual	**egyágyas szoba**	[ɛɟa:ɟɒʃ sobɒ]
quarto (m) duplo	**kétágyas szoba**	[ke:ta:ɟoʃ sobɒ]
reservar um quarto	**lefoglal egy szobát**	[lɛfoglɒl ɛɟ soba:t]
meia pensão (f)	**félpanzió**	[fe:lpɒnzio:]
pensão (f) completa	**teljes panzió**	[tɛjɛʃ pɒnzio:]
com banheira	**fürdőszobával**	[fyrdø:soba:vɒl]
com duche	**zuhannyal**	[zuhɒnnɒl]
televisão (m) satélite	**műholdas televízió**	[my:holdɒʃ tɛlɛvizio:]
ar (m) condicionado	**légkondicionáló**	[le:gkonditsiona:lo:]
toalha (f)	**törülköző**	[tørylkøzø:]
chave (f)	**kulcs**	[kultʃ]
administrador (m)	**adminisztrátor**	[ɒdministra:tor]
camareira (f)	**szobalány**	[sobɒla:ɲ]
bagageiro (m)	**hordár**	[horda:r]
porteiro (m)	**portás**	[porta:ʃ]
restaurante (m)	**étterem**	[e:ttɛrɛm]
bar (m)	**bár**	[ba:r]
pequeno-almoço (m)	**reggeli**	[rɛggɛli]
jantar (m)	**vacsora**	[vɒtʃorɒ]
buffet (m)	**svédasztal**	[ʃve:dɒstɒl]
elevador (m)	**lift**	[lift]
NÃO PERTURBE	**KÉRJÜK, NE ZAVARJANAK!**	[ke:rjyk nɛ zɒvɒrjɒnɒk]
PROIBIDO FUMAR!	**DOHÁNYOZNI TILOS!**	[doha:nøzni tiloʃ]

22. Turismo

monumento (m)	**műemlék**	[my:ɛmle:k]
fortaleza (f)	**erőd**	[ɛrø:d]
palácio (m)	**palota**	[pɒlotɒ]
castelo (m)	**kastély**	[kɒʃte:j]
torre (f)	**torony**	[toroɲ]
mausoléu (m)	**mauzóleum**	[mɒuzo:lɛum]
arquitetura (f)	**építészet**	[e:pi:te:sɛt]
medieval	**középkori**	[køze:pkori]
antigo	**ősi**	[ø:ʃi]
nacional	**nemzeti**	[nɛmzɛti]
conhecido	**híres**	[hi:rɛʃ]
turista (m)	**turista**	[turiʃtɒ]
guia (pessoa)	**idegenvezető**	[idɛgɛn vɛzɛtø:]
excursão (f)	**kirándulás**	[kira:ndula:ʃ]
mostrar (vt)	**mutat**	[mutɒt]
contar (vt)	**mesél**	[mɛʃe:l]

encontrar (vt)	**talál**	[tɒla:l]
perder-se (vr)	**elvész**	[ɛlve:s]
mapa (~ do metrô)	**térkép**	[te:rke:p]
mapa (~ da cidade)	**térkép**	[te:rke:p]
lembrança (f), presente (m)	**emléktárgy**	[ɛmle:kta:rɟ]
loja (f) de presentes	**ajándékbolt**	[ɒja:nde:kbolt]
fotografar (vt)	**fényképez**	[fe:ɲke:pɛz]
fotografar-se	**lefényképezteti magát**	[lɛfe:ɲke:pɛztɛti mɒga:t]

TRANSPORTES

23. Aeroporto

aeroporto (m)	**repülőtér**	[rεpylø:te:r]
avião (m)	**repülőgép**	[rεpylø:ge:p]
companhia (f) aérea	**légitársaság**	[le:gi ta:rʃɒʃa:g]
controlador (m) de tráfego aéreo	**diszpécser**	[dispe:ʧεr]
partida (f)	**elrepülés**	[εlrεpyle:ʃ]
chegada (f)	**megérkezés**	[mεge:rkεze:ʃ]
chegar (~ de avião)	**megérkezik**	[mεge:rkεzik]
hora (f) de partida	**az indulás ideje**	[ɒz indula:ʃ idεjε]
hora (f) de chegada	**a leszállás ideje**	[ɒ lεsa:lla:ʃ idεjε]
estar atrasado	**késik**	[ke:ʃik]
atraso (m) de voo	**a felszállás késése**	[ɒ fεlsa:lla:ʃ ke:ʃe:ʃε]
painel (m) de informação	**tájékoztató tabló**	[ta:je:koztɒto: tɒblo:]
informação (f)	**információ**	[informa:tsio:]
anunciar (vt)	**bemond**	[bεmond]
voo (m)	**járat**	[ja:rɒt]
alfândega (f)	**vám**	[va:m]
funcionário (m) da alfândega	**vámos**	[va:moʃ]
declaração (f) alfandegária	**vámnyilatkozat**	[va:mɲilɒtkozɒt]
preencher (vt)	**tölt**	[tølt]
controlo (m) de passaportes	**útlevélvizsgálat**	[u:tlεve:lviʒga:lɒt]
bagagem (f)	**poggyász**	[poɟɟa:s]
bagagem (f) de mão	**kézipoggyász**	[ke:zipodɟa:s]
carrinho (m)	**kocsi**	[koʧi]
aterragem (f)	**leszállás**	[lεsa:lla:ʃ]
pista (f) de aterragem	**leszállóhely**	[lεsa:llo:U4947hεj]
aterrar (vi)	**leszáll**	[lεsa:ll]
escada (f) de avião	**utaslépcső**	[utɒʃ le:pʧø:]
check-in (m)	**bejegyzés**	[bεjεɟze:ʃ]
balcão (m) do check-in	**jegy és poggyászkezelés**	[jεɟ e:ʃ poɟɟa:s kεzεle:ʃ]
fazer o check-in	**bejegyzi magát**	[bεjεɟzi mɒga:t]
cartão (m) de embarque	**beszállókártya**	[bεsa:llo:ka:rcɒ]
porta (f) de embarque	**kapu**	[kɒpu]
trânsito (m)	**tranzit**	[trɒnzit]
esperar (vi, vt)	**vár**	[va:r]
sala (f) de espera	**váróterem**	[va:ro:tεrεm]

despedir-se de ...	**kísér**	[ki:ʃe:r]
despedir-se (vr)	**elbúcsúzik**	[ɛlbu:ʧu:zik]

24. Avião

avião (m)	**repülőgép**	[rɛpylø:ge:p]
bilhete (m) de avião	**repülőjegy**	[rɛpylø:jɛɟ]
companhia (f) aérea	**légitársaság**	[le:gi ta:rʃɒʃa:g]
aeroporto (m)	**repülőtér**	[rɛpylø:te:r]
supersónico	**szuperszónikus**	[supɛrso:nikuʃ]
comandante (m) do avião	**kapitány**	[kɒpita:ɲ]
tripulação (f)	**személyzet**	[sɛme:jzɛt]
piloto (m)	**pilóta**	[pilo:tɒ]
hospedeira (f) de bordo	**légikisasszony**	[le:gikiʃɒssoɲ]
copiloto (m)	**navigátor**	[nɒviga:tor]
asas (f pl)	**szárnyak**	[sa:rɲɒk]
cauda (f)	**vég**	[ve:g]
cabine (f) de pilotagem	**fülke**	[fylkɛ]
motor (m)	**motor**	[motor]
trem (m) de aterragem	**futómű**	[futo:my:]
turbina (f)	**turbina**	[turbinɒ]
hélice (f)	**légcsavar**	[le:gʧɒvɒr]
caixa-preta (f)	**fekete doboz**	[fɛkɛtɛ doboz]
coluna (f) de controlo	**kormány**	[korma:ɲ]
combustível (m)	**üzemanyag**	[yzɛmɒɲɒg]
instruções (f pl) de segurança	**instrukció**	[inʃtruktsio:]
máscara (f) de oxigénio	**oxigénmaszk**	[oksige:nmɒsk]
uniforme (m)	**egyenruha**	[ɛɟɛnruhɒ]
colete (m) salva-vidas	**mentőmellény**	[mɛntø:mɛlle:ɲ]
paraquedas (m)	**ejtőernyő**	[ɛjtø:ɛrɲø:]
descolagem (f)	**felszállás**	[fɛlsa:lla:ʃ]
descolar (vi)	**felszáll**	[fɛlsa:ll]
pista (f) de descolagem	**kifutópálya**	[kifuto:pa:jɒ]
visibilidade (f)	**láthatóság**	[la:thɒto:ʃa:g]
voo (m)	**repülés**	[rɛpyle:ʃ]
altura (f)	**magasság**	[mɒgɒʃa:g]
poço (m) de ar	**turbulencia**	[turbulɛntsiɒ]
assento (m)	**hely**	[hɛj]
auscultadores (m pl)	**fejhallgató**	[fɛlhɒllgɒto:]
mesa (f) rebatível	**felhajtható asztal**	[fɛlhɒjthɒto: ɒstɒl]
vigia (f)	**repülőablak**	[rɛpylø:ɒblɒk]
passagem (f)	**járat**	[ja:rɒt]

25. Comboio

comboio (m)	**vonat**	[vonɒt]
comboio (m) suburbano	**villanyvonat**	[villɒɲvonɒt]

comboio (m) rápido	**gyorsvonat**	[ɟørʃvonɒt]
locomotiva (f) diesel	**dízelmozdony**	[di:zɛlmozdoɲ]
locomotiva (f) a vapor	**gőzmozdony**	[gø:zmozdoɲ]
carruagem (f)	**személykocsi**	[sɛme:jkoʧi]
carruagem restaurante (f)	**étkezőkocsi**	[e:tkɛzø:koʧi]
carris (m pl)	**sín**	[ʃi:n]
caminho de ferro (m)	**vasút**	[vɒʃu:t]
travessa (f)	**talpfa**	[tɒlpfɒ]
plataforma (f)	**peron**	[pɛron]
linha (f)	**vágány**	[va:ga:ɲ]
semáforo (m)	**karjelző**	[kɒrjɛlzø:]
estação (f)	**állomás**	[a:lloma:ʃ]
maquinista (m)	**vonatvezető**	[vonɒtvɛzɛtø:]
bagageiro (m)	**hordár**	[horda:r]
hospedeiro, -a (da carruagem)	**kalauz**	[kɒlɒuz]
passageiro (m)	**utas**	[utɒʃ]
revisor (m)	**ellenőr**	[ɛllɛnø:r]
corredor (m)	**folyosó**	[fojoʃo:]
freio (m) de emergência	**vészfék**	[ve:sfe:k]
compartimento (m)	**fülke**	[fylkɛ]
cama (f)	**polc**	[polts]
cama (f) de cima	**felső polc**	[fɛlʃø: polts]
cama (f) de baixo	**alsó polc**	[ɒlʃo: polts]
roupa (f) de cama	**ágynemű**	[a:ɟnɛmy:]
bilhete (m)	**jegy**	[jɛɟ]
horário (m)	**menetrend**	[mɛnɛtrɛnd]
painel (m) de informação	**tabló**	[tɒblo:]
partir (vt)	**indul**	[indul]
partida (f)	**indulás**	[indula:ʃ]
chegar (vi)	**érkezik**	[e:rkɛzik]
chegada (f)	**érkezés**	[e:rkɛze:ʃ]
chegar de comboio	**vonaton érkezik**	[vonɒton e:rkɛzik]
apanhar o comboio	**felszáll a vonatra**	[fɛlsa:ll ɒ vonɒtrɒ]
sair do comboio	**leszáll a vonatról**	[lɛsa:ll ɒ vonɒtro:l]
acidente (m) ferroviário	**vasúti szerencsétlenség**	[vɒʃu:ti sɛrɛnʧe:tlɛnʃe:g]
locomotiva (f) a vapor	**gőzmozdony**	[gø:zmozdoɲ]
fogueiro (m)	**kazánfűtő**	[kɒza:nfy:tø:]
fornalha (f)	**tűztér**	[ty:zte:r]
carvão (m)	**szén**	[se:n]

26. Barco

navio (m)	**hajó**	[hɒjo:]
embarcação (f)	**vízi jármű**	[vi:zi ja:rmy:]

vapor (m)	**gőzhajó**	[gø:zhɒjo:]
navio (m)	**motoros hajó**	[motoroʃ hɒjo:]
transatlântico (m)	**óceánjáró**	[o:tsɛa:nja:ro:]
cruzador (m)	**cirkáló**	[tsirka:lo:]
iate (m)	**jacht**	[jɒxt]
rebocador (m)	**vontatóhajó**	[vontɒto: hɒjo:]
barcaça (f)	**uszály**	[usa:j]
ferry (m)	**komp**	[komp]
veleiro (m)	**vitorlás hajó**	[vitorla:ʃ hɒjo:]
bergantim (m)	**brigantine**	[brigantin]
quebra-gelo (m)	**jégtörő hajó**	[je:gtørø: hɒjo:]
submarino (m)	**tengeralattjáró**	[tɛŋgɛrɒlɒttja:ro:]
bote, barco (m)	**csónak**	[ʧo:nɒk]
bote, dingue (m)	**csónak**	[ʧo:nɒk]
bote (m) salva-vidas	**mentőcsónak**	[mɛntø:ʧo:nɒk]
lancha (f)	**motorcsónak**	[motor ʧo:nɒk]
capitão (m)	**kapitány**	[kɒpita:ɲ]
marinheiro (m)	**tengerész**	[tɛŋgɛre:s]
marujo (m)	**tengerész**	[tɛŋgɛre:s]
tripulação (f)	**személyzet**	[sɛme:jzɛt]
contramestre (m)	**fedélzetmester**	[fɛde:lzɛtmɛʃtɛr]
grumete (m)	**matrózinas**	[mɒtro:zinɒʃ]
cozinheiro (m) de bordo	**hajószakács**	[hɒjo:sɒka:ʧ]
médico (m) de bordo	**hajóorvos**	[hɒjo:orvoʃ]
convés (m)	**fedélzet**	[fɛde:lzɛt]
mastro (m)	**árboc**	[a:rbots]
vela (f)	**vitorla**	[vitorlɒ]
porão (m)	**hajóűr**	[hɒjo:y:r]
proa (f)	**orr**	[orr]
popa (f)	**hajófar**	[hɒjo:fɒr]
remo (m)	**evező**	[ɛvɛzø:]
hélice (f)	**csavar**	[ʧɒvɒr]
camarote (m)	**hajófülke**	[hɒjo:fylkɛ]
sala (f) dos oficiais	**társalgó**	[ta:rʃɒlgo:]
sala (f) das máquinas	**gépház**	[ge:pha:z]
ponte (m) de comando	**parancsnoki híd**	[pɒrɒnʧnoki hi:d]
sala (f) de comunicações	**rádiófülke**	[ra:dio:fylkɛ]
onda (f) de rádio	**hullám**	[hulla:m]
diário (m) de bordo	**hajónapló**	[hɒjo:nɒplo:]
luneta (f)	**távcső**	[ta:vʧø:]
sino (m)	**harang**	[hɒrɒŋg]
bandeira (f)	**zászló**	[za:slo:]
cabo (m)	**kötél**	[køte:l]
nó (m)	**tengeri csomó**	[tɛŋgɛri ʧomo:]
corrimão (m)	**korlát**	[korla:t]

prancha (f) de embarque	**hajólépcső**	[hɒjo:le:ptʃø:]
âncora (f)	**horgony**	[horgoɲ]
recolher a âncora	**horgonyt felszed**	[horgoɲt fɛlsɛd]
lançar a âncora	**horgonyt vet**	[horgoɲt vɛt]
amarra (f)	**horgonylánc**	[horgoɲla:nts]
porto (m)	**kikötő**	[kikøtø:]
cais, amarradouro (m)	**móló, kikötő**	[mo:lo:], [kikøtø:]
atracar (vi)	**kiköt**	[kikøt]
desatracar (vi)	**elold**	[ɛlold]
viagem (f)	**utazás**	[utɒza:ʃ]
cruzeiro (m)	**hajóút**	[hɒjo:u:t]
rumo (m), rota (f)	**irány**	[ira:ɲ]
itinerário (m)	**járat**	[ja:rɒt]
canal (m) navegável	**hajózható út**	[hɒjo:zhɒto: u:t]
banco (m) de areia	**zátony**	[za:toɲ]
encalhar (vt)	**zátonyra fut**	[za:toɲrɒ fut]
tempestade (f)	**vihar**	[vihɒr]
sinal (m)	**jelzés**	[jɛlze:ʃ]
afundar-se (vr)	**elmerül**	[ɛlmɛryl]
SOS	**SOS**	[sos]
boia (f) salva-vidas	**mentőöv**	[mɛntø:øv]

CIDADE

27. Transportes urbanos

autocarro (m)	**busz**	[bus]
elétrico (m)	**villamos**	[villɒmoʃ]
troleicarro (m)	**trolibusz**	[trolibus]
itinerário (m)	**járat**	[ja:rɒt]
número (m)	**szám**	[sa:m]
ir de ... (carro, etc.)	**megy ...vel**	[mɛɟ ...vɛl]
entrar (~ no autocarro)	**felszáll**	[fɛlsa:ll]
descer de ...	**leszáll**	[lɛsa:ll]
paragem (f)	**állomás**	[a:lloma:ʃ]
próxima paragem (f)	**következő állomás**	[køvɛtkɛzø: a:lloma:ʃ]
ponto (m) final	**végállomás**	[ve:ga:lloma:ʃ]
horário (m)	**menetrend**	[mɛnɛtrɛnd]
esperar (vt)	**vár**	[va:r]
bilhete (m)	**jegy**	[jɛɟ]
custo (m) do bilhete	**jegyár**	[jɛɟa:r]
bilheteiro (m)	**pénztáros**	[pe:nsta:roʃ]
controlo (m) dos bilhetes	**ellenőrzés**	[ɛllɛnø:rze:ʃ]
revisor (m)	**ellenőr**	[ɛllɛnø:r]
atrasar-se (vr)	**késik**	[ke:ʃik]
perder (o autocarro, etc.)	**elkésik ...re**	[ɛlke:ʃik ...rɛ]
estar com pressa	**siet**	[ʃiɛt]
táxi (m)	**taxi**	[tɒksi]
taxista (m)	**taxis**	[tɒksiʃ]
de táxi (ir ~)	**taxival**	[tɒksivɒl]
praça (f) de táxis	**taxiállomás**	[tɒksia:lloma:ʃ]
chamar um táxi	**taxit hív**	[tɒksit hi:v]
apanhar um táxi	**taxival megy**	[tɒksival mɛɟ]
tráfego (m)	**közlekedés**	[køzlɛkɛde:ʃ]
engarrafamento (m)	**dugó**	[dugo:]
horas (f pl) de ponta	**csúcsforgalom**	[ʧu:ʧforgɒlom]
estacionar (vi)	**parkol**	[pɒrkol]
estacionar (vt)	**parkol**	[pɒrkol]
parque (m) de estacionamento	**parkolóhely**	[pɒrkolo:hɛj]
metro (m)	**metró**	[mɛtro:]
estação (f)	**állomás**	[a:lloma:ʃ]
ir de metro	**metróval megy**	[mɛtro:vɒl mɛɟ]
comboio (m)	**vonat**	[vonɒt]
estação (f)	**pályaudvar**	[pa:jɒudvɒr]

28. Cidade. Vida na cidade

cidade (f)	**város**	[va:roʃ]
capital (f)	**főváros**	[fø:va:roʃ]
aldeia (f)	**falu**	[fɒlu]
mapa (m) da cidade	**város térképe**	[va:roʃ te:rke:pɛ]
centro (m) da cidade	**városközpont**	[va:roʃkøspont]
subúrbio (m)	**külváros**	[kylva:roʃ]
suburbano	**külvárosi**	[kylva:roʃi]
periferia (f)	**külváros**	[kylva:roʃ]
arredores (m pl)	**környék**	[kørne:k]
quarteirão (m)	**városnegyed**	[va:roʃnɛɟɛd]
quarteirão (m) residencial	**lakótelep**	[lɒko:tɛlɛp]
tráfego (m)	**közlekedés**	[køzlɛkɛde:ʃ]
semáforo (m)	**lámpa**	[la:mpɒ]
transporte (m) público	**városi közlekedés**	[va:roʃi køzlɛkɛde:ʃ]
cruzamento (m)	**útkereszteződés**	[u:tkɛrɛstɛzø:de:s]
passadeira (f)	**átkelőhely**	[a:tkɛlø:hɛj]
passagem (f) subterrânea	**aluljáró**	[ɒlulja:ro:]
cruzar, atravessar (vt)	**átmegy**	[a:tmɛɟ]
peão (m)	**gyalogos**	[ɟologoʃ]
passeio (m)	**járda**	[ja:rdɒ]
ponte (f)	**híd**	[hi:d]
margem (f) do rio	**rakpart**	[rɒkpɒrt]
fonte (f)	**szökőkút**	[søkø:ku:t]
alameda (f)	**fasor**	[fɒʃor]
parque (m)	**park**	[pɒrk]
bulevar (m)	**sétány**	[ʃe:ta:ɲ]
praça (f)	**tér**	[te:r]
avenida (f)	**sugárút**	[ʃuga:ru:t]
rua (f)	**utca**	[uttsɒ]
travessa (f)	**mellékutca**	[mɛlle:kutsɒ]
beco (m) sem saída	**zsákutca**	[ʒa:kuttsɒ]
casa (f)	**ház**	[ha:z]
edifício, prédio (m)	**épület**	[e:pylɛt]
arranha-céus (m)	**felhőkarcoló**	[fɛlhø:kɒrtsolo:]
fachada (f)	**homlokzat**	[homlogzɒt]
telhado (m)	**tető**	[tɛtø:]
janela (f)	**ablak**	[ɒblɒk]
arco (m)	**boltív**	[bolti:v]
coluna (f)	**oszlop**	[oslop]
esquina (f)	**sarok**	[ʃɒrok]
montra (f)	**kirakat**	[kirɒkɒt]
letreiro (m)	**cégtábla**	[tse:gta:blɒ]
cartaz (m)	**poszter**	[postɛr]
cartaz (m) publicitário	**reklámplakát**	[rɛkla:m plɒka:t]

painel (m) publicitário	**hirdetőtábla**	[hirdɛtø:ta:blɒ]
lixo (m)	**szemét**	[sɛme:t]
cesta (f) do lixo	**kuka**	[kukɒ]
jogar lixo na rua	**szemetel**	[sɛmɛtɛl]
aterro (m) sanitário	**szemétlerakó hely**	[sɛme:tlɛrɒko: hɛj]
cabine (f) telefónica	**telefonfülke**	[tɛlɛfonfylkɛ]
candeeiro (m) de rua	**lámpaoszlop**	[la:mpɒoslop]
banco (m)	**pad**	[pɒd]
polícia (m)	**rendőr**	[rɛndø:r]
polícia (instituição)	**rendőrség**	[rɛndø:rʃe:g]
mendigo (m)	**koldus**	[kolduʃ]
sem-abrigo (m)	**hajléktalan**	[hɒjle:ktɒlɒn]

29. Instituições urbanas

loja (f)	**bolt**	[bolt]
farmácia (f)	**gyógyszertár**	[ɟø:ɟsɛrta:r]
ótica (f)	**optika**	[optikɒ]
centro (m) comercial	**vásárlóközpont**	[va:ʃa:rlo: køspont]
supermercado (m)	**szupermarket**	[supɛrmɒrkɛt]
padaria (f)	**péküzlet**	[pe:kyzlɛt]
padeiro (m)	**pék**	[pe:k]
pastelaria (f)	**cukrászda**	[tsukra:sdɒ]
mercearia (f)	**élelmiszerbolt**	[e:lɛlmisɛrbolt]
talho (m)	**húsbolt**	[hu:ʃbolt]
loja (f) de legumes	**zöldségbolt**	[zøldʃe:gbolt]
mercado (m)	**piac**	[piɒts]
café (m)	**kávézó**	[ka:ve:zo:]
restaurante (m)	**étterem**	[e:ttɛrɛm]
bar (m), cervejaria (f)	**söröző**	[ʃørøzø:]
pizzaria (f)	**pizzéria**	[pitse:riɒ]
salão (m) de cabeleireiro	**fodrászat**	[fodra:sɒt]
correios (m pl)	**posta**	[poʃtɒ]
lavandaria (f)	**vegytisztítás**	[vɛɟtisti:ta:ʃ]
estúdio (m) fotográfico	**fényképészet**	[fe:ɲke:pe:sɛt]
sapataria (f)	**cipőbolt**	[tsipø:bolt]
livraria (f)	**könyvesbolt**	[køɲvɛʃbolt]
loja (f) de artigos de desporto	**sportbolt**	[ʃportbolt]
reparação (f) de roupa	**ruhajavítás**	[ruhɒ jɒvi:ta:ʃ]
aluguer (m) de roupa	**ruhakölcsönzés**	[ruhɒ køltʃønze:ʃ]
aluguer (m) de filmes	**filmkölcsönzés**	[film køltʃønze:ʃ]
circo (m)	**cirkusz**	[tsirkus]
jardim (m) zoológico	**állatkert**	[a:llɒt kɛrt]
cinema (m)	**mozi**	[mozi]
museu (m)	**múzeum**	[mu:zɛum]

biblioteca (f)	**könyvtár**	[køɲvta:r]
teatro (m)	**színház**	[si:nha:z]
ópera (f)	**opera**	[opɛrɒ]
clube (m) noturno	**éjjeli klub**	[e:jjɛli klub]
casino (m)	**kaszinó**	[kɒsino:]
mesquita (f)	**mecset**	[mɛʧɛt]
sinagoga (f)	**zsinagóga**	[ʒinɒgo:gɒ]
catedral (f)	**székesegyház**	[se:kɛʃɛɟha:z]
templo (m)	**templom**	[tɛmplom]
igreja (f)	**templom**	[tɛmplom]
instituto (m)	**intézet**	[inte:zɛt]
universidade (f)	**egyetem**	[ɛɟɛtɛm]
escola (f)	**iskola**	[iʃkolɒ]
prefeitura (f)	**polgármesteri hivatal**	[polga:rmɛʃtɛri hivɒtɒl]
câmara (f) municipal	**városháza**	[va:roʃha:zɒ]
hotel (m)	**szálloda**	[sa:llodɒ]
banco (m)	**bank**	[bɒŋk]
embaixada (f)	**nagykövetség**	[nɒckøvɛʧ:e:g]
agência (f) de viagens	**utazási iroda**	[utɒza:ʃi irodɒ]
agência (f) de informações	**tudakozóiroda**	[tudɒkozo: irodɒ]
casa (f) de câmbio	**pénzváltó**	[pe:nzva:lto:]
metro (m)	**metró**	[mɛtro:]
hospital (m)	**kórház**	[ko:rha:z]
posto (m) de gasolina	**benzinkút**	[bɛnziŋku:t]
parque (m) de estacionamento	**parkolóhely**	[pɒrkolo:hɛj]

30. Sinais

letreiro (m)	**cégtábla**	[tse:gta:blɒ]
inscrição (f)	**felirat**	[fɛlirɒt]
cartaz, póster (m)	**plakát**	[plɒka:t]
sinal (m) informativo	**útjelző**	[u:tjɛlzø:]
seta (f)	**nyíl**	[ɲi:l]
aviso (advertência)	**figyelmeztetés**	[fiɟɛlmɛztɛte:ʃ]
sinal (m) de aviso	**figyelmeztetés**	[fiɟɛlmɛztɛte:ʃ]
avisar, advertir (vt)	**figyelmeztet**	[fiɟɛlmɛztɛt]
dia (m) de folga	**szabadnap**	[sɒbɒdnɒp]
horário (m)	**órarend**	[o:rɒrɛnd]
horário (m) de funcionamento	**nyitvatartási idő**	[ɲitvɒtɒrta:ʃi idø:]
BEM-VINDOS!	**ISTEN HOZTA!**	[iʃtɛn hoztɒ]
ENTRADA	**BEJÁRAT**	[bɛja:rɒt]
SAÍDA	**KIJÁRAT**	[kija:rɒt]
EMPURRE	**TOLNI**	[tolni]
PUXE	**HÚZNI**	[hu:zni]

ABERTO	**NYITVA**	[ɲitvɒ]
FECHADO	**ZÁRVA**	[za:rvɒ]
MULHER	**NŐI**	[nø:i]
HOMEM	**FÉRFI**	[fe:rfi]
DESCONTOS	**KIÁRUSÍTÁS**	[kia:ruʃi:ta:ʃ]
SALDOS	**KEDVEZMÉNY**	[kɛdvɛzme:ɲ]
NOVIDADE!	**ÚJDONSÁG!**	[u:jdonʃa:g]
GRÁTIS	**INGYEN**	[iɲɟɛn]
ATENÇÃO!	**FIGYELEM!**	[fiɟɛlɛm]
NÃO HÁ VAGAS	**NINCS HELY**	[nintʃ hɛj]
RESERVADO	**FOGLALT**	[foglɒlt]
ADMINISTRAÇÃO	**IGAZGATÁS**	[igɒzgɒta:ʃ]
SOMENTE PESSOAL AUTORIZADO	**SZEMÉLYZETI BEJÁRAT**	[sɛme:jzɛti bɛja:rɒt]
CUIDADO CÃO FEROZ	**HARAPOS KUTYA**	[hɒrɒpoʃ kucɒ]
PROIBIDO FUMAR!	**DOHÁNYOZNI TILOS!**	[doha:nøzni tiloʃ]
NÃO TOCAR	**NYÚJTANI TILOS!**	[ɲu:jtɒni tiloʃ]
PERIGOSO	**VESZÉLYES**	[vɛse:jɛʃ]
PERIGO	**VESZÉLY**	[vɛse:j]
ALTA TENSÃO	**MAGAS FESZÜLTSÉG**	[mɒgɒʃ fɛsyltʃe:g]
PROIBIDO NADAR	**FÜRDENI TILOS**	[fyrdɛni tiloʃ]
AVARIADO	**NEM MŰKÖDIK**	[nɛm my:kødik]
INFLAMÁVEL	**TŰZVESZÉLYES**	[ty:zvɛse:jɛʃ]
PROIBIDO	**TILOS**	[tiloʃ]
ENTRADA PROIBIDA	**TILOS AZ ÁTJÁRÁS**	[tiloʃ ɒz a:tja:ra:ʃ]
CUIDADO TINTA FRESCA	**FESTETT**	[fɛʃtɛtt]

31. Compras

comprar (vt)	**vásárol**	[va:ʃa:rol]
compra (f)	**vásárolt holmi**	[va:ʃa:rolt holmi]
fazer compras	**vásárol**	[va:ʃa:rol]
compras (f pl)	**vásárlás**	[va:ʃa:rla:ʃ]
estar aberta (loja, etc.)	**dolgozik**	[dolgozik]
estar fechada	**bezáródik**	[bɛza:ro:dik]
calçado (m)	**cipő**	[tsipø:]
roupa (f)	**ruha**	[ruhɒ]
cosméticos (m pl)	**kozmetika**	[kozmɛtikɒ]
alimentos (m pl)	**élelmiszer**	[e:lɛlmisɛr]
presente (m)	**ajándék**	[ɒja:nde:k]
vendedor (m)	**eladó**	[ɛlɒdo:]
vendedora (f)	**eladónő**	[ɛlɒdo:nø:]
caixa (f)	**pénztár**	[pe:nsta:r]
espelho (m)	**tükör**	[tykør]

balcão (m)	**pult**	[pult]
cabine (f) de provas	**próbafülke**	[pro:bɒfylkɛ]
provar (vt)	**felpróbál**	[fɛlpro:ba:l]
servir (vi)	**megfelel**	[mɛgfɛlɛl]
gostar (apreciar)	**tetszik**	[tɛtsik]
preço (m)	**ár**	[a:r]
etiqueta (f) de preço	**árcédula**	[a:rtse:dulɒ]
custar (vt)	**kerül**	[kɛryl]
Quanto?	**Mennyibe kerül?**	[mɛɲɲibɛ kɛryl]
desconto (m)	**kedvezmény**	[kɛdvɛzme:ɲ]
não caro	**olcsó**	[olʧo:]
barato	**olcsó**	[olʧo:]
caro	**drága**	[dra:gɒ]
É caro	**Ez drága.**	[ɛz dra:gɒ]
aluguer (m)	**kölcsönzés**	[kølʧønze:ʃ]
alugar (vestidos, etc.)	**kölcsönöz**	[kølʧønøz]
crédito (m)	**hitel**	[hitɛl]
a crédito	**hitelbe**	[hitɛlbɛ]

VESTUÁRIO & ACESSÓRIOS

32. Roupa exterior. Casacos

roupa (f)	**ruha**	[ruhɒ]
roupa (f) exterior	**felsőruha**	[fɛlʃø:ruhɒ]
roupa (f) de inverno	**téli ruha**	[te:li ruhɒ]
sobretudo (m)	**kabát**	[kɒba:t]
casaco (m) de peles	**bunda**	[bundɒ]
casaco curto (m) de peles	**bekecs**	[bɛkɛʧ]
casaco (m) acolchoado	**pehelykabát**	[pɛhɛj kɒba:t]
casaco, blusão (m)	**zeke**	[zɛkɛ]
impermeável (m)	**ballonkabát**	[bɒlloŋkɒba:t]
impermeável	**vízhatlan**	[vi:zhɒtlɒn]

33. Vestuário de homem & mulher

camisa (f)	**ing**	[iŋg]
calças (f pl)	**nadrág**	[nɒdra:g]
calças (f pl) de ganga	**farmernadrág**	[fɒrmɛrnɒdra:g]
casaco (m) de fato	**zakó**	[zɒko:]
fato (m)	**kosztüm**	[kostym]
vestido (ex. ~ vermelho)	**ruha**	[ruhɒ]
saia (f)	**szoknya**	[sokɲɒ]
blusa (f)	**blúz**	[blu:z]
casaco (m) de malha	**kardigán**	[kɒrdiga:n]
casaco, blazer (m)	**blézer**	[ble:zɛr]
T-shirt, camiseta (f)	**trikó**	[triko:]
calções (Bermudas, etc.)	**rövidnadrág**	[røvidnɒdra:g]
fato (m) de treino	**sportruha**	[ʃportruhɒ]
roupão (m) de banho	**köntös**	[køntøʃ]
pijama (m)	**pizsama**	[piʒɒmɒ]
suéter (m)	**pulóver**	[pulo:vɛr]
pulôver (m)	**pulóver**	[pulo:vɛr]
colete (m)	**mellény**	[mɛlle:ɲ]
fraque (m)	**frakk**	[frɒkk]
smoking (m)	**szmoking**	[smokiŋg]
uniforme (m)	**egyenruha**	[ɛɟɛnruhɒ]
roupa (f) de trabalho	**munkaruha**	[muŋkɒruhɒ]
fato-macaco (m)	**kezeslábas**	[kɛzɛʃla:bɒʃ]
bata (~ branca, etc.)	**köpeny**	[køpɛɲ]

34. Vestuário. Roupa interior

roupa (f) interior	**fehérnemű**	[fɛhe:rnɛmy:]
camisola (f) interior	**alsóing**	[ɒlʃo:iŋg]
peúgas (f pl)	**zokni**	[zokni]
camisa (f) de noite	**hálóing**	[ha:lo:iŋg]
sutiã (m)	**melltartó**	[mɛlltɒrto:]
meias longas (f pl)	**térdzokni**	[te:rʣokni]
meia-calça (f)	**harisnya**	[hɒriʃɲɒ]
meias (f pl)	**harisnya**	[hɒriʃɲɒ]
fato (m) de banho	**fürdőruha**	[fyrdø:ruhɒ]

35. Adereços de cabeça

chapéu (m)	**sapka**	[ʃɒpkɒ]
chapéu (m) de feltro	**kalap**	[kɒlɒp]
boné (m) de beisebol	**baseball sapka**	[bɛjsbɒll ʃɒpkɒ]
boné (m)	**sport sapka**	[ʃport ʃɒpkɒ]
boina (f)	**svájci sapka**	[ʃva:jtsi ʃɒpkɒ]
capuz (m)	**csuklya**	[ʧukjɒ]
panamá (m)	**panamakalap**	[pɒnɒmɒ kɒlɒp]
gorro (m) de malha	**kötött sapka**	[køtøtt ʃɒpkɒ]
lenço (m)	**kendő**	[kɛndø:]
chapéu (m) de mulher	**női kalap**	[nø:i kɒlɒp]
capacete (m) de proteção	**sisak**	[ʃiʃɒk]
bibico (m)	**pilótasapka**	[pilo:tɒ ʃɒpkɒ]
capacete (m)	**sisak**	[ʃiʃɒk]
chapéu-coco (m)	**keménykalap**	[kɛme:ɲkɒlɒp]

36. Calçado

calçado (m)	**cipő**	[tsipø:]
botinas (f pl)	**bakancs**	[bɒkɒnʧ]
sapatos (de salto alto, etc.)	**félcipő**	[fe:ltsipø:]
botas (f pl)	**csizma**	[ʧizmɒ]
pantufas (f pl)	**papucs**	[pɒpuʧ]
ténis (m pl)	**edzőcipő**	[ɛʣø:tsipø:]
sapatilhas (f pl)	**tornacipő**	[tornɒtsipø:]
sandálias (f pl)	**szandál**	[sɒnda:l]
sapateiro (m)	**cipész**	[tsipe:s]
salto (m)	**sarok**	[ʃɒrok]
par (m)	**pár**	[pa:r]
atacador (m)	**cipőfűző**	[tsipø:fy:zø:]
apertar os atacadores	**befűz**	[bɛfy:z]

calçadeira (f)	**cipőkanál**	[tsipø:kɒna:l]
graxa (f) para calçado	**cipőkrém**	[tsipø:kre:m]

37. Acessórios pessoais

luvas (f pl)	**kesztyű**	[kɛscy:]
mitenes (f pl)	**egyujjas kesztyű**	[ɛɟujjɒʃ kɛscy:]
cachecol (m)	**sál**	[ʃa:l]
óculos (m pl)	**szemüveg**	[sɛmyvɛg]
armação (f) de óculos	**keret**	[kɛrɛt]
guarda-chuva (m)	**esernyő**	[ɛʃɛrɲø:]
bengala (f)	**sétabot**	[ʃe:tɒbot]
escova (f) para o cabelo	**hajkefe**	[hɒjkɛfɛ]
leque (m)	**legyező**	[lɛɟɛzø:]
gravata (f)	**nyakkendő**	[ɲɒkkɛndø:]
gravata-borboleta (f)	**csokornyakkendő**	[ʧokorɲɒkkɛndø:]
suspensórios (m pl)	**nadrágtartó**	[nɒdra:gtɒrto:]
lenço (m)	**zsebkendő**	[ʒɛbkɛndø:]
pente (m)	**fésű**	[fe:ʃy:]
travessão (m)	**hajcsat**	[hɒjʧɒt]
gancho (m) de cabelo	**hajtű**	[hɒjty:]
fivela (f)	**csat**	[ʧɒt]
cinto (m)	**öv**	[øv]
correia (f)	**táskaszíj**	[ta:ʃkɒsi:j]
mala (f)	**táska**	[ta:ʃkɒ]
mala (f) de senhora	**kézitáska**	[ke:zita:ʃkɒ]
mochila (f)	**hátizsák**	[ha:tiʒa:k]

38. Vestuário. Diversos

moda (f)	**divat**	[divɒt]
na moda	**divatos**	[divɒtoʃ]
estilista (m)	**divattervező**	[divɒt tɛrvɛzø:]
colarinho (m), gola (f)	**gallér**	[gɒlle:r]
bolso (m)	**zseb**	[ʒɛb]
de bolso	**zseb**	[ʒɛb]
manga (f)	**ruhaujj**	[ruhɒujj]
alcinha (f)	**akasztó**	[ɒkɒsto:]
braguilha (f)	**slicc**	[ʃlits]
fecho (m) de correr	**cipzár**	[tsipza:r]
fecho (m), colchete (m)	**kapocs**	[kɒpoʧ]
botão (m)	**gomb**	[gomb]
casa (f) de botão	**gomblyuk**	[gombjuk]
soltar-se (vr)	**elszakad**	[ɛlsɒkɒd]
coser, costurar (vi)	**varr**	[vɒrr]

bordar (vt)	**hímez**	[hi:mɛz]
bordado (m)	**hímzés**	[hi:mze:ʃ]
agulha (f)	**tű**	[ty:]
fio (m)	**cérna**	[tse:rnɒ]
costura (f)	**varrás**	[vɒrra:ʃ]
sujar-se (vr)	**bepiszkolódik**	[bɛpiskolo:dik]
mancha (f)	**folt**	[folt]
engelhar-se (vr)	**gyűrődik**	[ɟy:rø:dik]
rasgar (vt)	**megszakad**	[mɛgsɒkɒd]
traça (f)	**molylepke**	[mojlɛpkɛ]

39. Cuidados pessoais. Cosméticos

pasta (f) de dentes	**fogkrém**	[fogkre:m]
escova (f) de dentes	**fogkefe**	[fokkɛfɛ]
escovar os dentes	**fogat mos**	[fogɒt moʃ]
máquina (f) de barbear	**borotva**	[borotvɒ]
creme (m) de barbear	**borotvakrém**	[borotvɒkre:m]
barbear-se (vr)	**borotválkozik**	[borotva:lkozik]
sabonete (m)	**szappan**	[sɒppɒn]
champô (m)	**sampon**	[ʃɒmpon]
tesoura (f)	**olló**	[ollo:]
lima (f) de unhas	**körömreszelő**	[kørømrɛsɛlø:]
corta-unhas (m)	**körömvágó**	[kørømva:go:]
pinça (f)	**csipesz**	[ʧipɛs]
cosméticos (m pl)	**kozmetika**	[kozmɛtikɒ]
máscara (f) facial	**maszk**	[mɒsk]
manicura (f)	**manikűr**	[mɒniky:r]
fazer a manicura	**manikűrözik**	[mɒniky:røzik]
pedicure (f)	**pedikűr**	[pɛdiky:r]
mala (f) de maquilhagem	**piperetáska**	[pipɛrɛta:ʃkɒ]
pó (m)	**púder**	[pu:dɛr]
caixa (f) de pó	**púderdoboz**	[pu:dɛrdoboz]
blush (m)	**arcpirosító**	[ɒrtspiroʃi:to:]
perfume (m)	**illatszer**	[illɒtsɛr]
água (f) de toilette	**parfüm**	[pɒrfym]
loção (f)	**arcápoló**	[ɒrtsa:polo:]
água-de-colónia (f)	**kölnivíz**	[kølnivi:z]
sombra (f) de olhos	**szemhéjfesték**	[sɛmhe:jfɛʃte:k]
lápis (m) delineador	**szemceruza**	[sɛmtsɛruzɒ]
máscara (f), rímel (m)	**szempillafesték**	[sɛmpillɒfɛʃte:k]
batom (m)	**rúzs**	[ru:ʒ]
verniz (m) de unhas	**körömlakk**	[kørømlɒkk]
laca (f) para cabelos	**hajrögzítő**	[hɒjrøgzi:tø:]
desodorizante (m)	**dezodor**	[dɛzodor]

creme (m)	**krém**	[kre:m]
creme (m) de rosto	**arckrém**	[ɒrtskre:m]
creme (m) de mãos	**kézkrém**	[ke:skre:m]
creme (m) antirrugas	**ránc elleni krém**	[ra:nts ɛllɛni kre:m]
de dia	**nappali**	[nɒppɒli]
da noite	**éjjeli**	[e:jjɛli]

tampão (m)	**tampon**	[tɒmpon]
papel (m) higiénico	**vécépapír**	[ve:tse:pɒpi:r]
secador (m) elétrico	**hajszárító**	[hɒjsa:ri:to:]

40. Relógios de pulso. Relógios

relógio (m) de pulso	**karóra**	[kɒro:rɒ]
mostrador (m)	**számlap**	[sa:mlɒp]
ponteiro (m)	**mutató**	[mutɒto:]
bracelete (f) em aço	**karkötő**	[kɒrkøtø:]
bracelete (f) em couro	**óraszíj**	[o:rɒsi:j]

pilha (f)	**elem**	[ɛlɛm]
descarregar-se	**lemerül**	[lɛmɛryl]
trocar a pilha	**kicseréli az elemet**	[kiʧɛre:li ɒz ɛlɛmɛt]
estar adiantado	**siet**	[ʃiɛt]
estar atrasado	**késik**	[ke:ʃik]

relógio (m) de parede	**fali óra**	[fɒli o:rɒ]
ampulheta (f)	**homokóra**	[homoko:rɒ]
relógio (m) de sol	**napóra**	[nɒpo:rɒ]
despertador (m)	**ébresztőóra**	[e:brɛstø:o:rɒ]
relojoeiro (m)	**órás**	[o:ra:ʃ]
reparar (vt)	**javít**	[jɒvi:t]

EXPERIÊNCIA DO QUOTIDIANO

41. Dinheiro

dinheiro (m)	**pénz**	[pe:nz]
câmbio (m)	**váltás**	[va:lta:ʃ]
taxa (f) de câmbio	**árfolyam**	[a:rfojɒm]
Caixa Multibanco (m)	**bankautomata**	[bɒŋk ɒutomɒtɒ]
moeda (f)	**érme**	[e:rmɛ]
dólar (m)	**dollár**	[dolla:r]
euro (m)	**euró**	[ɛuro:]
lira (f)	**líra**	[li:rɒ]
marco (m)	**márka**	[ma:rkɒ]
franco (m)	**frank**	[frɒŋk]
libra (f) esterlina	**font sterling**	[font stɛrliŋg]
iene (m)	**jen**	[jɛn]
dívida (f)	**adósság**	[ɒdo:ʃa:g]
devedor (m)	**adós**	[ɒdo:ʃ]
emprestar (vt)	**kölcsönad**	[kølʧønɒd]
pedir emprestado	**kölcsönvesz**	[kølʧønvɛs]
banco (m)	**bank**	[bɒŋk]
conta (f)	**számla**	[sa:mlɒ]
depositar na conta	**számlára tesz**	[sa:mla:rɒ tɛs]
levantar (vt)	**számláról lehív**	[sa:mla:ro:l lɛhi:v]
cartão (m) de crédito	**hitelkártya**	[hitɛlka:rcɒ]
dinheiro (m) vivo	**készpénz**	[ke:spe:nz]
cheque (m)	**csekk**	[ʧɛkk]
passar um cheque	**kiállít egy csekket**	[kia:lli:t ɛɟ: ʧɛkkɛt]
livro (m) de cheques	**csekkkönyv**	[ʧɛkkkøɲv]
carteira (f)	**pénztárca**	[pe:nsta:rtsɒ]
porta-moedas (m)	**pénztárca**	[pe:nsta:rtsɒ]
cofre (m)	**páncélszekrény**	[pa:ntse:lsɛkre:ɲ]
herdeiro (m)	**örökös**	[ørøkøʃ]
herança (f)	**örökség**	[ørøkʃe:g]
fortuna (riqueza)	**vagyon**	[vɒɟøn]
arrendamento (m)	**bérlet**	[be:rlɛt]
renda (f) de casa	**lakbér**	[lɒkbe:r]
alugar (vt)	**bérel**	[be:rɛl]
preço (m)	**ár**	[a:r]
custo (m)	**költség**	[kølʧe:g]
soma (f)	**összeg**	[øssɛg]

gastar (vt)	**költ**	[kølt]
gastos (m pl)	**kiadások**	[kiɒda:ʃok]
economizar (vi)	**takarékoskodik**	[tɒkɒre:koʃkodik]
económico	**takarékos**	[tɒkɒre:koʃ]
pagar (vt)	**fizet**	[fizɛt]
pagamento (m)	**fizetés**	[fizɛte:ʃ]
troco (m)	**visszajáró pénz**	[vissɒja:ro: pe:nz]
imposto (m)	**adó**	[ɒdo:]
multa (f)	**büntetés**	[byntɛte:ʃ]
multar (vt)	**büntet**	[byntɛt]

42. Correios. Serviço postal

correios (m pl)	**posta**	[poʃtɒ]
correio (m)	**posta**	[poʃtɒ]
carteiro (m)	**postás**	[poʃta:ʃ]
horário (m)	**nyitvatartási idő**	[ɲitvɒtɒrta:ʃi idø:]
carta (f)	**levél**	[lɛve:l]
carta (f) registada	**ajánlott levél**	[ɒja:nlott lɛve:l]
postal (m)	**képeslap**	[ke:pɛʃlɒp]
telegrama (m)	**távirat**	[ta:virɒt]
encomenda (f) postal	**csomag**	[ʧomɒg]
remessa (f) de dinheiro	**pénzátutalás**	[pe:nza:tutɒla:ʃ]
receber (vt)	**kap**	[kɒp]
enviar (vt)	**felad**	[fɛlɒd]
envio (m)	**feladás**	[fɛlɒda:ʃ]
endereço (m)	**cím**	[tsi:m]
código (m) postal	**irányítószám**	[ira:ɲi:to:sa:m]
remetente (m)	**feladó**	[fɛlɒdo:]
destinatário (m)	**címzett**	[tsi:mzɛtt]
nome (m)	**név**	[ne:v]
apelido (m)	**vezetéknév**	[vɛzɛte:k ne:v]
tarifa (f)	**tarifa**	[tarifa]
ordinário	**normál**	[norma:l]
económico	**kedvezményes**	[kɛdvɛzme:ɲɛʃ]
peso (m)	**súly**	[ʃu:j]
pesar (estabelecer o peso)	**megmér**	[mɛgme:r]
envelope (m)	**boríték**	[bori:te:k]
selo (m)	**márka**	[ma:rkɒ]

43. Banca

banco (m)	**bank**	[bɒŋk]
sucursal, balcão (f)	**fiók**	[fio:k]

consultor (m)	**tanácsadó**	[tɒna:ʧɒdo:]
gerente (m)	**vezető**	[vɛzɛtø:]
conta (f)	**számla**	[sa:mlɒ]
número (m) da conta	**számlaszám**	[sa:mlɒsa:m]
conta (f) corrente	**folyószámla**	[fojo:sa:mlɒ]
conta (f) poupança	**megtakarítási számla**	[mɛgtɒkɒrita:ʃi sa:mlɒ]
abrir uma conta	**számlát nyit**	[sa:mla:t nit]
fechar uma conta	**zárolja a számlát**	[za:rojɒ ɒ sa:mla:t]
depositar na conta	**számlára tesz**	[sa:mla:rɒ tɛs]
levantar (vt)	**számláról lehív**	[sa:mla:ro:l lɛhi:v]
depósito (m)	**betét**	[bɛte:t]
fazer um depósito	**pénzt betesz**	[pe:nst bɛtɛs]
transferência (f) bancária	**átutalás**	[a:tutɒla:ʃ]
transferir (vt)	**pénzt átutal**	[pe:nst a:tutɒl]
soma (f)	**összeg**	[øssɛg]
Quanto?	**Mennyi?**	[mɛɲɲi]
assinatura (f)	**aláírás**	[ɒla:i:ra:ʃ]
assinar (vt)	**aláír**	[ɒla:i:r]
cartão (m) de crédito	**hitelkártya**	[hitɛlka:rcɒ]
código (m)	**kód**	[ko:d]
número (m) do cartão de crédito	**hitelkártya száma**	[hitɛlka:rcɒ sa:mɒ]
Caixa Multibanco (m)	**bankautomata**	[bɒŋk ɒutomɒtɒ]
cheque (m)	**csekk**	[ʧɛkk]
passar um cheque	**kiállítja a csekket**	[kia:lli:cɒ ɒ ʧɛkkɛt]
livro (m) de cheques	**csekkkönyv**	[ʧɛkkkøɲv]
empréstimo (m)	**hitel**	[hitɛl]
pedir um empréstimo	**hitelért fordul**	[hitɛle:rt fordul]
obter um empréstimo	**hitelt felvesz**	[hitɛlt fɛlvɛs]
conceder um empréstimo	**hitelt nyújt**	[hitɛlt nju:jt]
garantia (f)	**biztosíték**	[bistoʃi:te:k]

44. Telefone. Conversação telefónica

telefone (m)	**telefon**	[tɛlɛfon]
telemóvel (m)	**mobiltelefon**	[mobiltɛlɛfon]
secretária (f) electrónica	**üzenetrögzítő**	[yzɛnɛt røgzi:tø:]
fazer uma chamada	**felhív**	[fɛlhi:v]
chamada (f)	**felhívás**	[fɛlhi:va:ʃ]
marcar um número	**telefonszámot tárcsáz**	[tɛlɛfonsa:mot ta:rʧa:z]
Alô!	**Halló!**	[hɒllo:]
perguntar (vt)	**kérdez**	[ke:rdɛz]
responder (vt)	**válaszol**	[va:lɒsol]
ouvir (vt)	**hall**	[hɒll]

bem	**jól**	[jo:l]
mal	**rosszul**	[rossul]
ruído (m)	**zavar**	[zɒvɒr]
auscultador (m)	**kagyló**	[kɒɟlo:]
pegar o telefone	**kagylót felvesz**	[kɒɟlo:t fɛlvɛs]
desligar (vi)	**kagylót letesz**	[kɒɟlo:t lɛtɛs]
ocupado	**foglalt**	[foglɒlt]
tocar (vi)	**csörög**	[ʧørøg]
lista (f) telefónica	**telefonkönyv**	[tɛlɛfoŋkøɲv]
local	**helyi**	[hɛji]
de longa distância	**interurbán**	[intɛrurba:n]
internacional	**nemzetközi**	[nɛmzɛtkøzi]

45. Telefone móvel

telemóvel (m)	**mobiltelefon**	[mobiltɛlɛfon]
ecrã (m)	**kijelző**	[kijɛlzø:]
botão (m)	**gomb**	[gomb]
cartão SIM (m)	**SIM kártya**	[sim ka:rcɒ]
bateria (f)	**akkumulátor**	[ɒkkumula:tor]
descarregar-se	**kisül**	[kiʃyl]
carregador (m)	**telefontöltő**	[tɛlɛfon tøltø:]
menu (m)	**menü**	[mɛny]
definições (f pl)	**beállítások**	[bɛa:lli:ta:ʃok]
melodia (f)	**dallam**	[dɒllɒm]
escolher (vt)	**választ**	[va:lɒst]
calculadora (f)	**kalkulátor**	[kɒlkula:tor]
correio (m) de voz	**üzenetrögzítő**	[yzɛnɛt røgzi:tø:]
despertador (m)	**ébresztőóra**	[e:brɛstø:o:rɒ]
contatos (m pl)	**telefonkönyv**	[tɛlɛfoŋkøɲv]
mensagem (f) de texto	**SMS**	[ɛʃɛmɛʃ]
assinante (m)	**előfizető**	[ɛlø:fizɛtø:]

46. Estacionário

caneta (f)	**golyóstoll**	[gojo:ʃtoll]
caneta (f) tinteiro	**töltőtoll**	[tøltø:toll]
lápis (m)	**ceruza**	[tsɛruzɒ]
marcador (m)	**filctoll**	[filtstoll]
caneta (f) de feltro	**filctoll**	[filtstoll]
bloco (m) de notas	**notesz**	[notɛs]
agenda (f)	**határidőnapló**	[hɒta:ridø:nɒplo:]
régua (f)	**vonalzó**	[vonɒlzo:]

calculadora (f)	**kalkulátor**	[kɒlkula:tor]
borracha (f)	**radír**	[rɒdi:r]
pionés (m)	**rajzszeg**	[rɒjzsɛg]
clipe (m)	**gémkapocs**	[ge:mkɒpoʧ]
cola (f)	**ragasztó**	[rɒgɒsto:]
agrafador (m)	**tűzőgép**	[ty:zø:ge:p]
furador (m)	**lyukasztó**	[jukɒsto:]
afia-lápis (m)	**ceruzahegyező**	[tsɛruzɒhɛɟɛzø:]

47. Línguas estrangeiras

língua (f)	**nyelv**	[ɲɛlv]
língua (f) estrangeira	**idegen nyelv**	[idɛgɛn ɲɛlv]
estudar (vt)	**tanul**	[tɒnul]
aprender (vt)	**tanul**	[tɒnul]
ler (vt)	**olvas**	[olvɒʃ]
falar (vi)	**beszél**	[bɛse:l]
compreender (vt)	**ért**	[e:rt]
escrever (vt)	**ír**	[i:r]
rapidamente	**gyorsan**	[ɟørʃɒn]
devagar	**lassan**	[lɒʃɒn]
fluentemente	**folyékonyan**	[foje:koɲɒn]
regras (f pl)	**szabályok**	[sɒba:jok]
gramática (f)	**nyelvtan**	[ɲɛlvtɒn]
vocabulário (m)	**szókincs**	[so:kinʧ]
fonética (f)	**hangtan**	[hɒŋgtɒn]
manual (m) escolar	**tankönyv**	[tɒŋkøɲv]
dicionário (m)	**szótár**	[so:ta:r]
manual (m) de autoaprendizagem	**önálló tanulásra szolgáló könyv**	[øna:llo: tɒnula:ʃrɒ solga:lo: køɲv]
guia (m) de conversação	**társalgási nyelvkönyv**	[ta:rʃɒlga:ʃi nɛlvkøɲv]
cassete (f)	**kazetta**	[kɒzɛttɒ]
vídeo cassete (m)	**videokazetta**	[fidɛokɒzɛttɒ]
CD (m)	**CDlemez**	[tsɛdɛlɛmɛz]
DVD (m)	**DVDlemez**	[dɛvɛdɛlɛmɛz]
alfabeto (m)	**ábécé**	[a:be:tse:]
soletrar (vt)	**betűz**	[bɛty:z]
pronúncia (f)	**kiejtés**	[kiɛjte:ʃ]
sotaque (m)	**akcentus**	[ɒktsɛntuʃ]
com sotaque	**akcentussal**	[ɒktsɛntuʃɒl]
sem sotaque	**akcentus nélkül**	[ɒktsɛntuʃ ne:lkyl]
palavra (f)	**szó**	[so:]
sentido (m)	**értelem**	[e:rtɛlɛm]
cursos (m pl)	**tanfolyam**	[tɒnfojɒm]
inscrever-se (vr)	**jelentkezik**	[jɛlɛntkɛzik]

professor (m)	**tanár**	[tɒna:r]
tradução (processo)	**fordítás**	[fordi:ta:ʃ]
tradução (texto)	**fordítás**	[fordi:ta:ʃ]
tradutor (m)	**fordító**	[fordi:to:]
intérprete (m)	**tolmács**	[tolma:ʧ]
poliglota (m)	**poliglott**	[poliglott]
memória (f)	**emlékezet**	[ɛmle:kɛzɛt]

REFEIÇÕES. RESTAURANTE

48. Por a mesa

colher (f)	**kanál**	[kɒna:l]
faca (f)	**kés**	[ke:ʃ]
garfo (m)	**villa**	[villɒ]
chávena (f)	**csésze**	[ʧe:sɛ]
prato (m)	**tányér**	[ta:ne:r]
pires (m)	**csészealj**	[ʧe:sɛɒj]
guardanapo (m)	**szalvéta**	[sɒlve:tɒ]
palito (m)	**fogpiszkáló**	[fokpiska:lo:]

49. Restaurante

restaurante (m)	**étterem**	[e:ttɛrɛm]
café (m)	**kávézó**	[ka:ve:zo:]
bar (m), cervejaria (f)	**bár**	[ba:r]
salão (m) de chá	**tea szalon**	[tɛɒ sɒlon]
empregado (m) de mesa	**pincér**	[pintse:r]
empregada (f) de mesa	**pincérnő**	[pintse:rnø:]
barman (m)	**bármixer**	[ba:rmiksɛr]
ementa (f)	**étlap**	[e:tlɒp]
lista (f) de vinhos	**borlap**	[borlɒp]
reservar uma mesa	**asztalt foglal**	[ɒstɒlt foglɒl]
prato (m)	**étel**	[e:tɛl]
pedir (vt)	**rendel**	[rɛndɛl]
fazer o pedido	**rendel**	[rɛndɛl]
aperitivo (m)	**aperitif**	[ɒpɛritif]
entrada (f)	**előétel**	[ɛlø:e:tɛl]
sobremesa (f)	**desszert**	[dɛssɛrt]
conta (f)	**számla**	[sa:mlɒ]
pagar a conta	**számlát fizet**	[sa:mla:t fizɛt]
dar o troco	**visszajáró pénzt ad**	[vissɒja:ro: pe:nzt ɒd]
gorjeta (f)	**borravaló**	[borrɒvɒlo:]

50. Refeições

comida (f)	**étel**	[e:tɛl]
comer (vt)	**eszik**	[ɛsik]

pequeno-almoço (m)	**reggeli**	[rɛggɛli]
tomar o pequeno-almoço	**reggelizik**	[rɛggɛlizik]
almoço (m)	**ebéd**	[ɛbe:d]
almoçar (vi)	**ebédel**	[ɛbe:dɛl]
jantar (m)	**vacsora**	[vɒʧorɒ]
jantar (vi)	**vacsorázik**	[vɒʧora:zik]
apetite (m)	**étvágy**	[e:tva:ɟ]
Bom apetite!	**Jó étvágyat!**	[jo: e:tva:ɟot]
abrir (~ uma lata, etc.)	**nyit**	[ɲit]
derramar (vt)	**kiönt**	[kiønt]
derramar-se (vr)	**kiömlik**	[kiømlik]
ferver (vi)	**forr**	[forr]
ferver (vt)	**forral**	[forrɒl]
fervido	**forralt**	[forrɒlt]
arrefecer (vt)	**lehűt**	[lɛhy:t]
arrefecer-se (vr)	**lehűl**	[lɛhy:l]
sabor, gosto (m)	**íz**	[i:z]
gostinho (m)	**utóíz**	[uto:i:z]
fazer dieta	**lefogy**	[lɛfoɟ]
dieta (f)	**diéta**	[die:tɒ]
vitamina (f)	**vitamin**	[vitɒmin]
caloria (f)	**kalória**	[kɒlo:riɒ]
vegetariano (m)	**vegetáriánus**	[vɛgɛta:ria:nuʃ]
vegetariano	**vegetáriánus**	[vɛgɛta:ria:nuʃ]
gorduras (f pl)	**zsír**	[ʒi:r]
proteínas (f pl)	**fehérje**	[fɛhe:rjɛ]
carboidratos (m pl)	**szénhidrát**	[se:nhidra:t]
fatia (~ de limão, etc.)	**szelet**	[sɛlɛt]
pedaço (~ de bolo)	**szelet**	[sɛlɛt]
migalha (f)	**morzsa**	[morʒɒ]

51. Pratos cozinhados

prato (m)	**étel**	[e:tɛl]
cozinha (~ portuguesa)	**konyha**	[koɲhɒ]
receita (f)	**recept**	[rɛtsɛpt]
porção (f)	**adag**	[ɒdɒg]
salada (f)	**saláta**	[ʃɒla:tɒ]
sopa (f)	**leves**	[lɛvɛʃ]
caldo (m)	**erőleves**	[ɛrø:lɛvɛʃ]
sandes (f)	**szendvics**	[sɛndviʧ]
ovos (m pl) estrelados	**tojásrántotta**	[toja:ʃra:ntottɒ]
hambúrguer (m)	**hamburger**	[hɒmburgɛr]
bife (m)	**bifsztek**	[bifstɛk]
conduto (m)	**köret**	[kørɛt]

espaguete (m)	**spagetti**	[ʃpɒgɛtti]
puré (m) de batata	**burgonyapüré**	[burgoɲɒpyre:]
pizza (f)	**pizza**	[pitsɒ]
papa (f)	**kása**	[ka:ʃɒ]
omelete (f)	**tojáslepény**	[toja:ʃlɛpe:ɲ]
cozido em água	**főtt**	[fø:tt]
fumado	**füstölt**	[fyʃtølt]
frito	**sült**	[ʃylt]
seco	**aszalt**	[ɒsɒlt]
congelado	**fagyasztott**	[fɒɟostott]
em conserva	**ecetben eltett**	[ɛtsɛtbɛn ɛltɛtt]
doce (açucarado)	**édes**	[e:dɛʃ]
salgado	**sós**	[ʃo:ʃ]
frio	**hideg**	[hidɛg]
quente	**meleg**	[mɛlɛg]
amargo	**keserű**	[kɛʃɛry:]
gostoso	**finom**	[finom]
cozinhar (em água a ferver)	**főz**	[fø:z]
fazer, preparar (vt)	**készít**	[ke:si:t]
fritar (vt)	**süt**	[ʃyt]
aquecer (vt)	**melegít**	[mɛlɛgi:t]
salgar (vt)	**sóz**	[ʃo:z]
apimentar (vt)	**borsoz**	[borʃoz]
ralar (vt)	**reszel**	[rɛsɛl]
casca (f)	**héj**	[he:j]
descascar (vt)	**hámoz**	[ha:moz]

52. Comida

carne (f)	**hús**	[hu:ʃ]
galinha (f)	**csirke**	[ʧirkɛ]
frango (m)	**csirke**	[ʧirkɛ]
pato (m)	**kacsa**	[kɒʧɒ]
ganso (m)	**liba**	[libɒ]
caça (f)	**vadhús**	[vɒdhu:ʃ]
peru (m)	**pulyka**	[pujkɒ]
carne (f) de porco	**sertés**	[ʃɛrte:ʃ]
carne (f) de vitela	**borjúhús**	[borju:hu:ʃ]
carne (f) de carneiro	**birkahús**	[birkɒhu:ʃ]
carne (f) de vaca	**marhahús**	[mɒrhɒhu:ʃ]
carne (f) de coelho	**nyúl**	[ɲu:l]
chouriço, salsichão (m)	**kolbász**	[kolba:s]
salsicha (f)	**virsli**	[virʃli]
bacon (m)	**húsos szalonna**	[hu:ʃoʃ sɒlonnɒ]
fiambre (f)	**sonka**	[ʃoŋkɒ]
presunto (m)	**sonka**	[ʃoŋkɒ]
patê (m)	**pástétom**	[pa:ʃte:tom]
fígado (m)	**máj**	[ma:j]

carne (f) moída	**darált hús**	[dɒra:lt hu:ʃ]
língua (f)	**nyelv**	[ɲɛlv]
ovo (m)	**tojás**	[toja:ʃ]
ovos (m pl)	**tojások**	[toja:ʃok]
clara (f) do ovo	**tojásfehérje**	[toja:ʃfɛhe:rjɛ]
gema (f) do ovo	**tojássárgája**	[toja:ʃa:rga:jɒ]
peixe (m)	**hal**	[hɒl]
mariscos (m pl)	**tenger gyümölcsei**	[tɛŋgɛr ɟymøltʃɛi]
caviar (m)	**halikra**	[hɒlikrɒ]
caranguejo (m)	**tarisznyarák**	[tɒrisɲɒra:k]
camarão (m)	**garnélarák**	[gɒrne:lɒra:k]
ostra (f)	**osztriga**	[ostrigɒ]
lagosta (f)	**languszta**	[lɒŋgustɒ]
polvo (m)	**nyolckarú polip**	[ɲoltskɒru: polip]
lula (f)	**kalmár**	[kɒlma:r]
esturjão (m)	**tokhal**	[tokhɒl]
salmão (m)	**lazac**	[lɒzɒts]
halibute (m)	**óriás laposhal**	[o:ria:ʃ lɒpoʃhɒl]
bacalhau (m)	**tőkehal**	[tø:kɛhɒl]
cavala, sarda (f)	**makréla**	[mɒkre:lɒ]
atum (m)	**tonhal**	[tonhɒl]
enguia (f)	**angolna**	[ɒŋgolnɒ]
truta (f)	**pisztráng**	[pistra:ŋg]
sardinha (f)	**szardínia**	[sɒrdi:niɒ]
lúcio (m)	**csuka**	[tʃukɒ]
arenque (m)	**hering**	[hɛriŋg]
pão (m)	**kenyér**	[kɛne:r]
queijo (m)	**sajt**	[ʃɒjt]
açúcar (m)	**cukor**	[tsukor]
sal (m)	**só**	[ʃo:]
arroz (m)	**rizs**	[riʒ]
massas (f pl)	**makaróni**	[mɒkɒro:ni]
talharim (m)	**metélttészta**	[mɛte:ltte:stɒ]
manteiga (f)	**vaj**	[vɒj]
óleo (m) vegetal	**olaj**	[olɒj]
óleo (m) de girassol	**napraforgóolaj**	[nɒprɒforgo:olɒj]
margarina (f)	**margarin**	[mɒrgɒrin]
azeitonas (f pl)	**olajbogyó**	[olɒjboɟø:]
azeite (m)	**olívaolaj**	[oli:vɒ olɒj]
leite (m)	**tej**	[tɛj]
leite (m) condensado	**sűrített tej**	[ʃy:ri:tɛtt tɛj]
iogurte (m)	**joghurt**	[jogurt]
nata (f) azeda	**tejföl**	[tɛjføl]
nata (f) do leite	**tejszín**	[tɛjsi:n]
maionese (f)	**majonéz**	[mɒjone:z]

creme (m)	**krém**	[kre:m]
grãos (m pl) de cereais	**dara**	[dɒrɒ]
farinha (f)	**liszt**	[list]
enlatados (m pl)	**konzerv**	[konzɛrv]
flocos (m pl) de milho	**kukoricapehely**	[kukoritsɒpɛhɛj]
mel (m)	**méz**	[me:z]
doce (m)	**dzsem**	[ʤɛm]
pastilha (f) elástica	**rágógumi**	[ra:go:gumi]

53. Bebidas

água (f)	**víz**	[vi:z]
água (f) potável	**ivóvíz**	[ivo:vi:z]
água (f) mineral	**ásványvíz**	[a:ʃva:ɲvi:z]
sem gás	**szóda nélkül**	[so:dɒ ne:lkyl]
gaseificada	**szóda**	[so:dɒ]
com gás	**szóda**	[so:dɒ]
gelo (m)	**jég**	[je:g]
com gelo	**jeges**	[jɛgɛʃ]
sem álcool	**alkoholmentes**	[ɒlkoholmɛntɛʃ]
bebida (f) sem álcool	**alkoholmentes ital**	[ɒlkoholmɛntɛʃ itɒl]
refresco (m)	**üdítő**	[y:di:tø:]
limonada (f)	**limonádé**	[limona:de:]
bebidas (f pl) alcoólicas	**szeszesitalok**	[sɛsɛʃ itɒlok]
vinho (m)	**bor**	[bor]
vinho (m) branco	**fehérbor**	[fɛhe:rbor]
vinho (m) tinto	**vörösbor**	[vørøʃbor]
licor (m)	**likőr**	[likø:r]
champanhe (m)	**pezsgő**	[pɛʒgø:]
vermute (m)	**vermut**	[vɛrmut]
uísque (m)	**whisky**	[viski]
vodka (f)	**vodka**	[vodkɒ]
gim (m)	**gin**	[ʤin]
conhaque (m)	**konyak**	[koɲɒk]
rum (m)	**rum**	[rum]
café (m)	**kávé**	[ka:ve:]
café (m) puro	**feketekávé**	[fɛkɛtɛ ka:ve:]
café (m) com leite	**tejeskávé**	[tɛjɛʃka:ve:]
cappuccino (m)	**tejszínes kávé**	[tɛjsi:nɛʃ ka:ve:]
café (m) solúvel	**neszkávé**	[nɛska:ve:]
leite (m)	**tej**	[tɛj]
coquetel (m)	**koktél**	[kokte:l]
batido (m) de leite	**tejkoktél**	[tɛjkokte:l]
sumo (m)	**lé**	[le:]
sumo (m) de tomate	**paradicsomlé**	[pɒrɒdiʧomle:]

sumo (m) de laranja	**narancslé**	[nɒrɒnʧle:]
sumo (m) fresco	**frissen kifacsart lé**	[friʃɛn kifɒʧɒrt le:]
cerveja (f)	**sör**	[ʃør]
cerveja (f) clara	**világos sör**	[vila:goʃ ʃør]
cerveja (f) preta	**barna sör**	[bɒrnɒ ʃør]
chá (m)	**tea**	[tɛɒ]
chá (m) preto	**feketetea**	[fɛkɛtɛ tɛɒ]
chá (m) verde	**zöldtea**	[zølt tɛɒ]

54. Vegetais

legumes (m pl)	**zöldségek**	[zøldʃe:gɛk]
verduras (f pl)	**zöldség**	[zøldʃe:g]
tomate (m)	**paradicsom**	[pɒrɒdiʧom]
pepino (m)	**uborka**	[uborkɒ]
cenoura (f)	**sárgarépa**	[ʃa:rgɒre:pɒ]
batata (f)	**krumpli**	[krumpli]
cebola (f)	**hagyma**	[hɒɟmɒ]
alho (m)	**fokhagyma**	[fokhɒɟmɒ]
couve (f)	**káposzta**	[ka:postɒ]
couve-flor (f)	**karfiol**	[kɒrfiol]
couve-de-bruxelas (f)	**kelbimbó**	[kɛlbimbo:]
brócolos (m pl)	**brokkoli**	[brokkoli]
beterraba (f)	**cékla**	[tse:klɒ]
beringela (f)	**padlizsán**	[pɒdliʒa:n]
curgete (f)	**cukkini**	[tsukkini]
abóbora (f)	**tök**	[tøk]
nabo (m)	**répa**	[re:pɒ]
salsa (f)	**petrezselyem**	[pɛtrɛʒɛjɛm]
funcho, endro (m)	**kapor**	[kɒpor]
alface (f)	**saláta**	[ʃɒla:tɒ]
aipo (m)	**zeller**	[zɛllɛr]
espargo (m)	**spárga**	[ʃpa:rgɒ]
espinafre (m)	**spenót**	[ʃpɛno:t]
ervilha (f)	**borsó**	[borʃo:]
fava (f)	**bab**	[bɒb]
milho (m)	**kukorica**	[kukoritsɒ]
feijão (m)	**bab**	[bɒb]
pimentão (m)	**paprika**	[pɒprikɒ]
rabanete (m)	**hónapos retek**	[ho:nɒpoʃ rɛtɛk]
alcachofra (f)	**articsóka**	[ɒrtiʧo:kɒ]

55. Frutos. Nozes

fruta (f)	**gyümölcs**	[ɟymølʧ]
maçã (f)	**alma**	[ɒlmɒ]

pera (f)	**körte**	[kørtɛ]
limão (m)	**citrom**	[tsitrom]
laranja (f)	**narancs**	[nɒrɒntʃ]
morango (m)	**eper**	[ɛpɛr]
tangerina (f)	**mandarin**	[mɒndɒrin]
ameixa (f)	**szilva**	[silvɒ]
pêssego (m)	**őszibarack**	[ø:sibɒrɒtsk]
damasco (m)	**sárgabarack**	[ʃa:rgɒbɒrɒtsk]
framboesa (f)	**málna**	[ma:lnɒ]
ananás (m)	**ananász**	[ɒnɒna:s]
banana (f)	**banán**	[bɒna:n]
melancia (f)	**görögdinnye**	[gørøgdiɲɲɛ]
uva (f)	**szőlő**	[sø:lø:]
ginja (f)	**meggy**	[mɛdɟ]
cereja (f)	**cseresznye**	[tʃɛrɛsnɛ]
meloa (f)	**dinnye**	[diɲɛ]
toranja (f)	**citrancs**	[tsitrɒntʃ]
abacate (m)	**avokádó**	[ɒvoka:do:]
papaia (f)	**papaya**	[pɒpɒjɒ]
manga (f)	**mangó**	[mɒŋgo:]
romã (f)	**gránátalma**	[gra:na:tɒlmɒ]
groselha (f) vermelha	**pirosribizli**	[piroʃribizli]
groselha (f) preta	**feketeribizli**	[fɛkɛtɛ ribizli]
groselha (f) espinhosa	**egres**	[ɛgrɛʃ]
mirtilo (m)	**fekete áfonya**	[fɛkɛtɛ a:foɲɒ]
amora silvestre (f)	**szeder**	[sɛdɛr]
uvas (f pl) passas	**mazsola**	[mɒʒolɒ]
figo (m)	**füge**	[fygɛ]
tâmara (f)	**datolya**	[dɒtojɒ]
amendoim (m)	**földimogyoró**	[føldimoɟøro:]
amêndoa (f)	**mandula**	[mɒndulɒ]
noz (f)	**dió**	[dio:]
avelã (f)	**mogyoró**	[moɟøro:]
coco (m)	**kókuszdió**	[ko:kusdio:]
pistáchios (m pl)	**pisztácia**	[pista:tsiɒ]

56. Pão. Bolaria

pastelaria (f)	**édesipari áruk**	[e:dɛʃipɒri a:ruk]
pão (m)	**kenyér**	[kɛne:r]
bolacha (f)	**sütemény**	[ʃytɛme:ɲ]
chocolate (m)	**csokoládé**	[tʃokola:de:]
de chocolate	**csokoládé**	[tʃokola:de:]
rebuçado (m)	**cukorka**	[tsukorkɒ]
bolo (cupcake, etc.)	**torta**	[tortɒ]
bolo (m) de aniversário	**torta**	[tortɒ]
tarte (~ de maçã)	**töltött lepény**	[tøltøtt lɛpe:ɲ]

recheio (m)	**töltelék**	[tøltɛle:k]
doce (m)	**lekvár**	[lɛkva:r]
geleia (f) de frutas	**gyümölcszselé**	[ɟymøltʃ ʒɛle:]
waffle (m)	**ostya**	[oʃcɒ]
gelado (m)	**fagylalt**	[fɒɟlɒlt]

57. Especiarias

sal (m)	**só**	[ʃo:]
salgado	**sós**	[ʃo:ʃ]
salgar (vt)	**sóz**	[ʃo:z]
pimenta (f) preta	**feketebors**	[fɛkɛtɛ borʃ]
pimenta (f) vermelha	**pirospaprika**	[piroʃpɒprikɒ]
mostarda (f)	**mustár**	[muʃta:r]
raiz-forte (f)	**torma**	[tormɒ]
condimento (m)	**fűszer**	[fy:sɛr]
especiaria (f)	**fűszer**	[fy:sɛr]
molho (m)	**szósz**	[so:s]
vinagre (m)	**ecet**	[ɛtsɛt]
anis (m)	**ánizs**	[a:nis]
manjericão (m)	**bazsalikom**	[bɒʒɒlikom]
cravo (m)	**szegfű**	[sɛgfy:]
gengibre (m)	**gyömbér**	[ɟømbe:r]
coentro (m)	**koriander**	[koriɒndɛr]
canela (f)	**fahéj**	[fɒhe:j]
sésamo (m)	**szezámmag**	[sɛza:mmɒg]
folhas (f pl) de louro	**babérlevél**	[bɒbe:rlɛve:l]
páprica (f)	**paprika**	[pɒprikɒ]
cominho (m)	**kömény**	[køme:ɲ]
açafrão (m)	**sáfrány**	[ʃa:fra:ɲ]

INFORMAÇÃO PESSOAL. FAMÍLIA

58. Informação pessoal. Formulários

nome (m)	**név**	[ne:v]
apelido (m)	**vezetéknév**	[vɛzɛte:k ne:v]
data (f) de nascimento	**születési dátum**	[sylɛte:ʃi da:tum]
local (m) de nascimento	**születési hely**	[sylɛte:ʃi hɛj]
nacionalidade (f)	**nemzetiség**	[nɛmzɛtiʃe:g]
lugar (m) de residência	**lakcím**	[lɒktsi:m]
país (m)	**ország**	[orsa:g]
profissão (f)	**foglalkozás**	[foglɒlkoza:ʃ]
sexo (m)	**nem**	[nɛm]
estatura (f)	**magasság**	[mɒgɒʃa:g]
peso (m)	**súly**	[ʃu:j]

59. Membros da família. Parentes

mãe (f)	**anya**	[ɒɲɒ]
pai (m)	**apa**	[ɒpɒ]
filho (m)	**fiú**	[fiu:]
filha (f)	**lány**	[la:ɲ]
filha (f) mais nova	**fiatalabb lány**	[fiɒtɒlɒbb la:ɲ]
filho (m) mais novo	**fiatalabb fiú**	[fiɒtɒlɒbb fiu:]
filha (f) mais velha	**idősebb lány**	[idø:ʃɛbb la:ɲ]
filho (m) mais velho	**idősebb fiú**	[idø:ʃɛbb fiu:]
irmão (m) mais velho	**báty**	[ba:c]
irmão (m) mais novo	**öcs**	[øʧ]
irmã (f) mais velha	**nővér**	[nø:ve:r]
irmã (f) mais nova	**húg**	[hu:g]
primo (m)	**unokabáty**	[unokɒ ba:c]
prima (f)	**unokanővér**	[unokɒ nø:ve:r]
mamã (f)	**anya**	[ɒɲɒ]
papá (m)	**apa**	[ɒpɒ]
pais (pl)	**szülők**	[sylø:k]
criança (f)	**gyerek**	[ɟɛrɛk]
crianças (f pl)	**gyerekek**	[ɟɛrɛkɛk]
avó (f)	**nagyanya**	[nɒɟɒɲɒ]
avô (m)	**nagyapa**	[nɒɟɒpɒ]
neto (m)	**unoka**	[unokɒ]
neta (f)	**unoka**	[unokɒ]
netos (pl)	**unokák**	[unoka:k]

tio (m)	**bácsi**	[ba:ʧi]
tia (f)	**néni**	[ne:ni]
sobrinho (m)	**unokaöcs**	[unokɒøʧ]
sobrinha (f)	**unokahúg**	[unokɒhu:g]
sogra (f)	**anyós**	[ɒɲø:ʃ]
sogro (m)	**após**	[ɒpo:ʃ]
genro (m)	**vő**	[vø:]
madrasta (f)	**mostohaanya**	[moʃtohɒɒɲɒ]
padrasto (m)	**mostohaapa**	[moʃtohɒɒpɒ]
criança (f) de colo	**csecsemő**	[ʧɛʧɛmø:]
bebé (m)	**csecsemő**	[ʧɛʧɛmø:]
menino (m)	**kisgyermek**	[kiʃɟɛrmɛk]
mulher (f)	**feleség**	[fɛlɛʃe:g]
marido (m)	**férj**	[fe:rj]
esposo (m)	**házastárs**	[ha:zɒʃta:rʃ]
esposa (f)	**hitves**	[hitvɛʃ]
casado	**nős**	[nø:ʃ]
casada	**férjnél**	[fe:rjne:l]
solteiro	**nőtlen**	[nø:tlɛn]
solteirão (m)	**nőtlen ember**	[nø:tlɛn ɛmbɛr]
divorciado	**elvált**	[ɛlva:lt]
viúva (f)	**özvegy**	[øzvɛɟ]
viúvo (m)	**özvegy**	[øzvɛɟ]
parente (m)	**rokon**	[rokon]
parente (m) próximo	**közeli rokon**	[køzɛli rokon]
parente (m) distante	**távoli rokon**	[ta:voli rokon]
parentes (m pl)	**rokonok**	[rokonok]
órfão (m), órfã (f)	**árva**	[a:rvɒ]
tutor (m)	**gyám**	[ɟa:m]
adotar (um filho)	**örökbe fogad**	[ørøkbɛ fogɒd]
adotar (uma filha)	**örökbe fogad**	[ørøkbɛ fogɒd]

60. Amigos. Colegas de trabalho

amigo (m)	**barát**	[bɒra:t]
amiga (f)	**barátnő**	[bɒra:tnø:]
amizade (f)	**barátság**	[bɒra:ʧa:g]
ser amigos	**barátkozik**	[bɒra:tkozik]
amigo (m)	**barát**	[bɒra:t]
amiga (f)	**barátnő**	[bɒra:tnø:]
parceiro (m)	**partner**	[pɒrtnɛr]
chefe (m)	**főnök**	[fø:nøk]
superior (m)	**főnök**	[fø:nøk]
subordinado (m)	**alárendelt**	[ɒla:rɛndɛlt]
colega (m)	**kolléga**	[kolle:gɒ]
conhecido (m)	**ismerős**	[iʃmɛrø:ʃ]

companheiro (m) de viagem	**útitárs**	[u:tita:rʃ]
colega (m) de classe	**osztálytárs**	[osta:jta:rʃ]
vizinho (m)	**szomszéd**	[somse:d]
vizinha (f)	**szomszéd**	[somse:d]
vizinhos (pl)	**szomszédok**	[somse:dok]

CORPO HUMANO. MEDICINA

61. Cabeça

cabeça (f)	**fej**	[fɛj]
cara (f)	**arc**	[ɒrts]
nariz (m)	**orr**	[orr]
boca (f)	**száj**	[sa:j]
olho (m)	**szem**	[sɛm]
olhos (m pl)	**szem**	[sɛm]
pupila (f)	**pupilla**	[pupillɒ]
sobrancelha (f)	**szemöldök**	[sɛmøldøk]
pestana (f)	**szempilla**	[sɛmpillɒ]
pálpebra (f)	**szemhéj**	[sɛmhe:j]
língua (f)	**nyelv**	[ɲɛlv]
dente (m)	**fog**	[fog]
lábios (m pl)	**ajak**	[ɒjɒk]
maçãs (f pl) do rosto	**pofacsont**	[pofɒʧont]
gengiva (f)	**íny**	[i:ɲ]
palato (m)	**szájpadlás**	[sa:jpɒdla:ʃ]
narinas (f pl)	**orrlyuk**	[orrjuk]
queixo (m)	**áll**	[a:ll]
mandíbula (f)	**állkapocs**	[a:llkɒpoʧ]
bochecha (f)	**orca**	[ortsɒ]
testa (f)	**homlok**	[homlok]
têmpora (f)	**halánték**	[hɒla:nte:k]
orelha (f)	**fül**	[fyl]
nuca (f)	**tarkó**	[tɒrko:]
pescoço (m)	**nyak**	[ɲɒk]
garganta (f)	**torok**	[torok]
cabelos (m pl)	**haj**	[hɒj]
penteado (m)	**frizura**	[frizurɒ]
corte (m) de cabelo	**hajvágás**	[hɒjva:ga:ʃ]
peruca (f)	**paróka**	[pɒro:kɒ]
bigode (m)	**bajusz**	[bɒjus]
barba (f)	**szakáll**	[sɒka:ll]
usar, ter (~ barba, etc.)	**visel**	[viʃɛl]
trança (f)	**copf**	[tsopf]
suíças (f pl)	**pofaszakáll**	[pofɒsɒka:ll]
ruivo	**vörös hajú**	[vørøʃ hɒju:]
grisalho	**ősz hajú**	[ø:s hɒju:]
calvo	**kopasz**	[kopɒs]
calva (f)	**kopaszság**	[kopɒʃa:g]

rabo-de-cavalo (m)	**lófarok**	[lo:fɒrok]
franja (f)	**sörény**	[ʃøre:ɲ]

62. Corpo humano

mão (f)	**kéz, kézfej**	[ke:z], [ke:sfɛj]
braço (m)	**kar**	[kɒr]
dedo (m)	**ujj**	[ujj]
polegar (m)	**hüvelykujj**	[hyvɛjkujj]
dedo (m) mindinho	**kisujj**	[kiʃujj]
unha (f)	**köröm**	[kørøm]
punho (m)	**ököl**	[økøl]
palma (f) da mão	**tenyér**	[tɛne:r]
pulso (m)	**csukló**	[ʧuklo:]
antebraço (m)	**alkar**	[ɒlkɒr]
cotovelo (m)	**könyök**	[køɲøk]
ombro (m)	**váll**	[va:ll]
perna (f)	**láb**	[la:b]
pé (m)	**talp**	[tɒlp]
joelho (m)	**térd**	[te:rd]
barriga (f) da perna	**lábikra**	[la:bikrɒ]
anca (f)	**csípő**	[ʧi:pø:]
calcanhar (m)	**sarok**	[ʃɒrok]
corpo (m)	**test**	[tɛʃt]
barriga (f)	**has**	[hɒʃ]
peito (m)	**mell**	[mɛll]
seio (m)	**mell**	[mɛll]
lado (m)	**oldal**	[oldɒl]
costas (f pl)	**hát**	[ha:t]
região (f) lombar	**derék**	[dɛre:k]
cintura (f)	**derék**	[dɛre:k]
umbigo (m)	**köldök**	[køldøk]
nádegas (f pl)	**far**	[fɒr]
traseiro (m)	**fenék**	[fɛne:k]
sinal (m)	**anyajegy**	[ɒɲɒjɛɟ]
tatuagem (f)	**tetoválás**	[tɛtova:la:ʃ]
cicatriz (f)	**forradás**	[forrɒda:ʃ]

63. Doenças

doença (f)	**betegség**	[bɛtɛgʃe:g]
estar doente	**beteg van**	[bɛtɛg vɒn]
saúde (f)	**egészség**	[ɛge:ʃe:g]
nariz (m) a escorrer	**nátha**	[na:thɒ]
amigdalite (f)	**torokgyulladás**	[torokɟyllɒda:ʃ]

constipação (f)	**megfázás**	[mɛgfa:za:ʃ]
constipar-se (vr)	**megfázik**	[mɛgfa:zik]
bronquite (f)	**hörghurut**	[hørgfurut]
pneumonia (f)	**tüdőgyulladás**	[tydø:ɟyllɒɟa:ʃ]
gripe (f)	**influenza**	[influɛnzɒ]
míope	**rövidlátó**	[røvidla:to:]
presbita	**távollátó**	[ta:volla:to:]
estrabismo (m)	**kancsalság**	[kɒnʧɒlʃa:g]
estrábico	**kancsal**	[kɒnʧɒl]
catarata (f)	**szürke hályog**	[syrkɛ ha:jog]
glaucoma (m)	**glaukóma**	[glɒuko:mɒ]
AVC (m), apoplexia (f)	**inzultus**	[inzultuʃ]
ataque (m) cardíaco	**infarktus**	[infɒrktuʃ]
paralisia (f)	**bénaság**	[be:nɒʃa:g]
paralisar (vt)	**megbénít**	[mɛgbe:ni:t]
alergia (f)	**allergia**	[ɒllɛrgiɒ]
asma (f)	**asztma**	[ɒstmɒ]
diabetes (f)	**cukorbaj**	[tsukorbɒj]
dor (f) de dentes	**fogfájás**	[fogfa:ja:ʃ]
cárie (f)	**fogszuvasodás**	[fogsuvɒʃoda:ʃ]
diarreia (f)	**hasmenés**	[hɒʃmɛne:ʃ]
prisão (f) de ventre	**szorulás**	[sorula:ʃ]
desarranjo (m) intestinal	**gyomorrontás**	[ɟømorronta:ʃ]
intoxicação (f) alimentar	**mérgezés**	[me:rgɛze:ʃ]
intoxicar-se	**mérgezést kap**	[me:rgɛze:ʃt kɒp]
artrite (f)	**ízületi gyulladás**	[i:zylɛti ɟyllɒda:ʃ]
raquitismo (m)	**angolkór**	[ɒŋgolko:r]
reumatismo (m)	**reuma**	[rɛumɒ]
arteriosclerose (f)	**érelmeszesedés**	[e:rɛlmɛsɛʃɛde:ʃ]
gastrite (f)	**gyomorhurut**	[ɟømorhurut]
apendicite (f)	**vakbélgyulladás**	[vɒkbe:lɟyllɒda:ʃ]
colecistite (f)	**epehólyaggyulladás**	[ɛpɛho:jɒgɟyllɒda:ʃ]
úlcera (f)	**fekély**	[fɛke:j]
sarampo (m)	**kanyaró**	[kɒɲɒro:]
rubéola (f)	**rózsahimlő**	[ro:ʒɒhimlø:]
iterícia (f)	**sárgaság**	[ʃa:rgɒʃa:g]
hepatite (f)	**hepatitisz**	[hɛpɒtitis]
esquizofrenia (f)	**szkizofrénia**	[skizofre:niɒ]
raiva (f)	**veszettség**	[vɛsɛtʧe:g]
neurose (f)	**neurózis**	[nɛuro:ziʃ]
comoção (f) cerebral	**agyrázkódás**	[ɒɟra:skoda:ʃ]
cancro (m)	**rák**	[ra:k]
esclerose (f)	**szklerózis**	[sklɛro:ziʃ]
esclerose (f) múltipla	**szklerózis multiplex**	[sklɛro:ziʃ multiplɛks]
alcoolismo (m)	**alkoholizmus**	[ɒlkoholizmuʃ]

alcoólico (m)	**alkoholista**	[ɒlkoholiʃtɒ]
sífilis (f)	**szifilisz**	[sifilis]
SIDA (f)	**AIDS**	[ɛjds]
tumor (m)	**daganat**	[dɒgɒnɒt]
febre (f)	**láz**	[la:z]
malária (f)	**malária**	[mɒla:riɒ]
gangrena (f)	**üszkösödés**	[yskøʃøde:ʃ]
enjoo (m)	**tengeribetegség**	[tɛŋgɛribɛtɛgʃe:g]
epilepsia (f)	**epilepszia**	[ɛpilɛpsiɒ]
epidemia (f)	**járvány**	[ja:rva:ɲ]
tifo (m)	**tífusz**	[ti:fus]
tuberculose (f)	**tuberkulózis**	[tubɛrkulo:ziʃ]
cólera (f)	**kolera**	[kolɛrɒ]
peste (f)	**pestis**	[pɛʃtiʃ]

64. Sintomas. Tratamentos. Parte 1

sintoma (m)	**tünet**	[tynɛt]
temperatura (f)	**láz**	[la:z]
febre (f)	**magas láz**	[mɒgɒʃ la:z]
pulso (m)	**pulzus**	[pulzuʃ]
vertigem (f)	**szédülés**	[se:dyle:ʃ]
quente (testa, etc.)	**forró**	[forro:]
calafrio (m)	**hidegrázás**	[hidɛgra:za:ʃ]
pálido	**sápadt**	[ʃa:pɒtt]
tosse (f)	**köhögés**	[køhøge:ʃ]
tossir (vi)	**köhög**	[køhøg]
espirrar (vi)	**tüsszent**	[tyssɛnt]
desmaio (m)	**ájulás**	[a:jula:ʃ]
desmaiar (vi)	**elájul**	[ɛla:jul]
nódoa (f) negra	**kék folt**	[ke:k folt]
galo (m)	**dudor**	[dudor]
magoar-se (vr)	**nekiütődik**	[nɛkiytø:dik]
pisadura (f)	**ütés**	[yte:ʃ]
aleijar-se (vr)	**megüti magát**	[mɛgyti mɒga:t]
coxear (vi)	**sántít**	[ʃa:nti:t]
deslocação (f)	**ficam**	[fitsɒm]
deslocar (vt)	**kificamít**	[kifitsɒmi:t]
fratura (f)	**törés**	[tøre:ʃ]
fraturar (vt)	**eltör**	[ɛltør]
corte (m)	**vágás**	[va:ga:ʃ]
cortar-se (vr)	**megvágja magát**	[mɛgva:gjɒ mɒga:t]
hemorragia (f)	**vérzés**	[ve:rze:ʃ]
queimadura (f)	**égési seb**	[e:ge:ʃi ʃɛb]
queimar-se (vr)	**megégeti magát**	[mɛge:gɛti mɒga:t]
picar (vt)	**megszúr**	[mɛgsu:r]

picar-se (vr)	**megszúrja magát**	[mɛgsu:rjo mɒga:t]
lesionar (vt)	**megsért**	[mɛgʃe:rt]
lesão (m)	**sérülés**	[ʃe:ryle:ʃ]
ferida (f), ferimento (m)	**seb**	[ʃɛb]
trauma (m)	**sérülés**	[ʃe:ryle:ʃ]
delirar (vi)	**félrebeszél**	[fe:lrɛbɛse:l]
gaguejar (vi)	**dadog**	[dɒdog]
insolação (f)	**napszúrás**	[nɒpsu:ra:ʃ]

65. Sintomas. Tratamentos. Parte 2

dor (f)	**fájdalom**	[fa:jdɒlom]
farpa (no dedo)	**szálka**	[sa:lkɒ]
suor (m)	**veríték**	[vɛri:te:k]
suar (vi)	**izzad**	[izzɒd]
vómito (m)	**hányás**	[ha:ɲa:ʃ]
convulsões (f pl)	**görcs**	[gørʧ]
grávida	**terhes**	[tɛrhɛʃ]
nascer (vi)	**születik**	[sylɛtik]
parto (m)	**szülés**	[syle:ʃ]
dar à luz	**szül**	[syl]
aborto (m)	**magzatelhajtás**	[mɒgzɒtɛlhɒjta:ʃ]
respiração (f)	**lélegzés**	[le:lɛgze:ʃ]
inspiração (f)	**belégzés**	[bɛle:gze:ʃ]
expiração (f)	**kilégzés**	[kile:gze:ʃ]
expirar (vi)	**kilélegzik**	[kile:lɛgzik]
inspirar (vi)	**belélegzik**	[bɛle:lɛgzik]
inválido (m)	**rokkant**	[rokkɒnt]
aleijado (m)	**nyomorék**	[ɲomore:k]
toxicodependente (m)	**narkós**	[nɒrko:ʃ]
surdo	**süket**	[ʃykɛt]
mudo	**néma**	[ne:mɒ]
surdo-mudo	**süketnéma**	[ʃykɛtne:mɒ]
louco (adj.)	**őrült**	[ø:rylt]
louco (m)	**őrült férfi**	[ø:rylt fe:rfi]
louca (f)	**őrült nő**	[ø:rylt nø:]
ficar louco	**megőrül**	[mɛgø:ryl]
gene (m)	**gén**	[ge:n]
imunidade (f)	**immunitás**	[immunita:ʃ]
hereditário	**örökölt**	[ørøkølt]
congénito	**veleszületett**	[vɛlɛʃsylɛtɛtt]
vírus (m)	**vírus**	[vi:ruʃ]
micróbio (m)	**mikroba**	[mikrobɒ]
bactéria (f)	**baktérium**	[bɒkte:rium]
infeção (f)	**fertőzés**	[fɛrtø:ze:ʃ]

66. Sintomas. Tratamentos. Parte 3

hospital (m)	**kórház**	[ko:rha:z]
paciente (m)	**beteg**	[bɛtɛg]
diagnóstico (m)	**diagnózis**	[diɒgno:ziʃ]
cura (f)	**gyógyítás**	[ɟø:ɟi:ta:ʃ]
tratamento (m) médico	**kezelés**	[kɛzɛle:ʃ]
curar-se (vr)	**gyógyul**	[ɟø:ɟyl]
tratar (vt)	**gyógyít**	[ɟø:ɟi:t]
cuidar (pessoa)	**ápol**	[a:pol]
cuidados (m pl)	**ápolás**	[a:pola:ʃ]
operação (f)	**műtét**	[my:te:t]
enfaixar (vt)	**beköt**	[bɛkøt]
enfaixamento (m)	**bekötés**	[bɛkøte:ʃ]
vacinação (f)	**oltás**	[olta:ʃ]
vacinar (vt)	**beolt**	[bɛolt]
injeção (f)	**injekció**	[iɲɛktsio:]
dar uma injeção	**injekciót ad**	[iɲɛktsio:t ɒd]
ataque (~ de asma, etc.)	**roham**	[rohɒm]
amputação (f)	**amputálás**	[ɒmputa:la:ʃ]
amputar (vt)	**csonkol**	[ʧoŋkol]
coma (f)	**kóma**	[ko:mɒ]
estar em coma	**kómában van**	[ko:ma:bɒn vɒn]
reanimação (f)	**reanimáció**	[rɛɒnima:tsio:]
recuperar-se (vr)	**felgyógyul**	[fɛlɟø:ɟyl]
estado (~ de saúde)	**állapot**	[a:llɒpot]
consciência (f)	**eszmélet**	[ɛsme:lɛt]
memória (f)	**emlékezet**	[ɛmle:kɛzɛt]
tirar (vt)	**húz**	[hu:z]
chumbo (m), obturação (f)	**fogtömés**	[fogtøme:ʃ]
chumbar, obturar (vt)	**fogat betöm**	[fogɒt bɛtøm]
hipnose (f)	**hipnózis**	[hipno:ziʃ]
hipnotizar (vt)	**hipnotizál**	[hipnotiza:l]

67. Medicina. Drogas. Acessórios

medicamento (m)	**gyógyszer**	[ɟø:ɟsɛr]
remédio (m)	**orvosság**	[orvoʃa:g]
receitar (vt)	**felír**	[fɛli:r]
receita (f)	**recept**	[rɛtsɛpt]
comprimido (m)	**tabletta**	[tɒblɛttɒ]
pomada (f)	**kenőcs**	[kɛnø:ʧ]
ampola (f)	**ampulla**	[ɒmpullɒ]
preparado (m)	**gyógyszerkeverék**	[ɟø:ɟsɛr kɛvɛre:k]
xarope (m)	**szirup**	[sirup]

cápsula (f)	**pirula**	[pirulɒ]
remédio (m) em pó	**por**	[por]
ligadura (f)	**kötés**	[køte:ʃ]
algodão (m)	**vatta**	[vɒttɒ]
iodo (m)	**jódtinktúra**	[jo:ttiŋktu:rɒ]
penso (m) rápido	**ragtapasz**	[rɒgtɒpɒs]
conta-gotas (m)	**pipetta**	[pipɛttɒ]
termómetro (m)	**hőmérő**	[hø:me:rø:]
seringa (f)	**fecskendő**	[fɛʧkɛndø:]
cadeira (f) de rodas	**tolószék**	[tolo:se:k]
muletas (f pl)	**mankók**	[mɒŋko:k]
analgésico (m)	**fájdalomcsillapító**	[fa:jdɒlomʧillɒpi:to:]
laxante (m)	**hashajtó**	[hɒʃhɒjto:]
álcool (m) etílico	**szesz**	[sɛs]
ervas (f pl) medicinais	**fű**	[fy:]
de ervas (chá ~)	**fű**	[fy:]

APARTAMENTO

68. Apartamento

apartamento (m)	**lakás**	[lɒka:ʃ]
quarto (m)	**szoba**	[sobɒ]
quarto (m) de dormir	**hálószoba**	[ha:lo:sobɒ]
sala (f) de jantar	**ebédlő**	[ɛbe:dlø:]
sala (f) de estar	**nappali**	[nɒppɒli]
escritório (m)	**dolgozószoba**	[dolgozo:sobɒ]
antessala (f)	**előszoba**	[ɛlø:sobɒ]
quarto (m) de banho	**fürdőszoba**	[fyrdø:sobɒ]
toilette (lavabo)	**vécé**	[ve:tse:]
teto (m)	**mennyezet**	[mɛɲɲɛzɛt]
chão, soalho (m)	**padló**	[pɒdlo:]
canto (m)	**sarok**	[ʃɒrok]

69. Mobiliário. Interior

mobiliário (m)	**bútor**	[bu:tor]
mesa (f)	**asztal**	[ɒstɒl]
cadeira (f)	**szék**	[se:k]
cama (f)	**ágy**	[a:ɟ]
divã (m)	**dívány**	[di:va:ɲ]
cadeirão (m)	**fotel**	[fotɛl]
estante (f)	**könyvszekrény**	[køɲvsɛkre:ɲ]
prateleira (f)	**könyvpolc**	[køɲvpolts]
guarda-vestidos (m)	**ruhaszekrény**	[ruhɒ sɛkre:ɲ]
cabide (m) de parede	**ruhatartó**	[ruhɒtɒrto:]
cabide (m) de pé	**fogas**	[fogɒʃ]
cómoda (f)	**komód**	[komo:d]
mesinha (f) de centro	**dohányzóasztal**	[doha:ɲzo:ɒstɒl]
espelho (m)	**tükör**	[tykør]
tapete (m)	**szőnyeg**	[sø:nɛg]
tapete (m) pequeno	**kis szőnyeg**	[kiʃ sø:nɛg]
lareira (f)	**kandalló**	[kɒndɒllo:]
vela (f)	**gyertya**	[ɟɛrcɒ]
castiçal (m)	**gyertyatartó**	[ɟɛrcɒtɒrto:]
cortinas (f pl)	**függöny**	[fyggøɲ]
papel (m) de parede	**tapéta**	[tɒpe:tɒ]

estores (f pl)	**redőny**	[rɛdø:ɲ]
candeeiro (m) de mesa	**asztali lámpa**	[ɒstɒli la:mpɒ]
candeeiro (m) de parede	**lámpa**	[la:mpɒ]
candeeiro (m) de pé	**állólámpa**	[a:llo:la:mpɒ]
lustre (m)	**csillár**	[ʧilla:r]
pé (de mesa, etc.)	**láb**	[la:b]
braço (m)	**kartámla**	[kɒrta:mlɒ]
costas (f pl)	**támla**	[ta:mlɒ]
gaveta (f)	**fiók**	[fio:k]

70. Quarto de dormir

roupa (f) de cama	**ágynemű**	[a:ɟnɛmy:]
almofada (f)	**párna**	[pa:rnɒ]
fronha (f)	**párnahuzat**	[pa:rnɒhuzɒt]
cobertor (m)	**takaró**	[tɒkɒro:]
lençol (m)	**lepedő**	[lɛpɛdø:]
colcha (f)	**takaró**	[tɒkɒro:]

71. Cozinha

cozinha (f)	**konyha**	[koɲhɒ]
gás (m)	**gáz**	[ga:z]
fogão (m) a gás	**gáztűzhely**	[ga:zty:zhɛj]
fogão (m) elétrico	**elektromos tűzhely**	[ɛlɛktromoʃ ty:shɛj]
forno (m)	**sütő**	[ʃytø:]
forno (m) de micro-ondas	**mikrohullámú sütő**	[mikrohulla:mu: ʃytø:]
frigorífico (m)	**hűtőszekrény**	[hy:tø:sɛkre:ɲ]
congelador (m)	**fagyasztóláda**	[fɒɟɒsto:la:dɒ]
máquina (f) de lavar louça	**mosogatógép**	[moʃogɒto:ge:p]
moedor (m) de carne	**húsdaráló**	[hu:ʃdɒra:lo:]
espremedor (m)	**gyümölcscentrifuga**	[ɟymølʧ tsɛntrifugɒ]
torradeira (f)	**kenyérpirító**	[kɛne:rpiri:to:]
batedeira (f)	**turmixgép**	[turmiksge:p]
máquina (f) de café	**kávéfőző**	[ka:ve:fø:zø:]
cafeteira (f)	**kávéskanna**	[ka:ve:ʃkɒnnɒ]
moinho (m) de café	**kávéőrlő**	[ka:ve:ø:rlø:]
chaleira (f)	**kanna**	[kɒnnɒ]
bule (m)	**teáskanna**	[tɛa:ʃkɒnnɒ]
tampa (f)	**fedél**	[fɛde:l]
coador (m) de chá	**szűrő**	[sy:rø:]
colher (f)	**kanál**	[kɒna:l]
colher (f) de chá	**teáskanál**	[tɛa:ʃkɒna:l]
colher (f) de sopa	**evőkanál**	[ɛvø:kɒna:l]
garfo (m)	**villa**	[villɒ]
faca (f)	**kés**	[ke:ʃ]

louça (f)	**edény**	[ɛde:ɲ]
prato (m)	**tányér**	[ta:ne:r]
pires (m)	**csészealj**	[ʧe:sɛɒj]
cálice (m)	**kupica**	[kupitsɒ]
copo (m)	**pohár**	[poha:r]
chávena (f)	**csésze**	[ʧe:sɛ]
açucareiro (m)	**cukortartó**	[tsukortɒrto:]
saleiro (m)	**sótartó**	[ʃo:tɒrto:]
pimenteiro (m)	**borstartó**	[borʃtɒrto:]
manteigueira (f)	**vajtartó**	[vɒj tɒrto:]
panela, caçarola (f)	**lábas**	[la:bɒʃ]
frigideira (f)	**serpenyő**	[ʃɛrpɛɲø:]
concha (f)	**merőkanál**	[mɛrø:kɒna:l]
passador (m)	**tésztaszűrő**	[te:stɒsy:rø:]
bandeja (f)	**tálca**	[ta:ltsɒ]
garrafa (f)	**palack, üveg**	[pɒlɒsk], [yvɛg]
boião (m) de vidro	**befőttes üveg**	[bɛfø:tɛs yvɛg]
lata (f)	**bádogdoboz**	[ba:dogdoboz]
abre-garrafas (m)	**üvegnyitó**	[yvɛg ɲito:]
abre-latas (m)	**konzervnyitó**	[konzɛrv ɲito:]
saca-rolhas (m)	**dugóhúzó**	[dugo:hu:zo:]
filtro (m)	**filter**	[filtɛr]
filtrar (vt)	**szűr**	[sy:r]
lixo (m)	**szemét**	[sɛme:t]
balde (m) do lixo	**kuka**	[kukɒ]

72. Casa de banho

quarto (m) de banho	**fürdőszoba**	[fyrdø:sobɒ]
água (f)	**víz**	[vi:z]
torneira (f)	**csap**	[ʧɒp]
água (f) quente	**meleg víz**	[mɛlɛg vi:z]
água (f) fria	**hideg víz**	[hidɛg vi:z]
pasta (f) de dentes	**fogkrém**	[fogkre:m]
escovar os dentes	**fogat mos**	[fogɒt moʃ]
barbear-se (vr)	**borotválkozik**	[borotva:lkozik]
espuma (f) de barbear	**borotvahab**	[borotvɒhɒb]
máquina (f) de barbear	**borotva**	[borotvɒ]
lavar (vt)	**mos**	[moʃ]
lavar-se (vr)	**mosakodik**	[moʃɒkodik]
duche (m)	**zuhany**	[zuhɒɲ]
tomar um duche	**zuhanyozik**	[zuhɒɲozik]
banheira (f)	**fürdőkád**	[fyrdø:ka:d]
sanita (f)	**vécékagyló**	[ve:tse: kɒɟlo:]

lavatório (m)	**mosdókagyló**	[moʒdo:kɒɟlo:]
sabonete (m)	**szappan**	[sɒppɒn]
saboneteira (f)	**szappantartó**	[sɒppɒntɒrto:]
esponja (f)	**szivacs**	[sivɒʧ]
champô (m)	**sampon**	[ʃɒmpon]
toalha (f)	**törülköző**	[tørylkøzø:]
roupão (m) de banho	**köntös**	[køntøʃ]
lavagem (f)	**mosás**	[moʃa:ʃ]
máquina (f) de lavar	**mosógép**	[moʃo:ge:p]
lavar a roupa	**ruhát mos**	[ruha:t moʃ]
detergente (m)	**mosópor**	[moʃo:por]

73. Eletrodomésticos

televisor (m)	**televízió**	[tɛlɛvi:zio:]
gravador (m)	**magnó**	[mɒgno:]
videogravador (m)	**videomagnó**	[vidɛomɒgno:]
rádio (m)	**vevőkészülék**	[vɛvø:ke:syle:k]
leitor (m)	**sétálómagnó**	[ʃe:ta:lo: mɒgno:]
projetor (m)	**videovetítő**	[vidɛovɛti:tø:]
cinema (m) em casa	**házimozi**	[ha:zimozi]
leitor (m) de DVD	**DVDlejátszó**	[dɛvɛdɛlɛja:tso:]
amplificador (m)	**erősítő**	[ɛrø:ʃi:tø:]
console (f) de jogos	**videojáték**	[vidɛoja:te:k]
câmara (f) de vídeo	**videokamera**	[vidɛokɒmɛrɒ]
máquina (f) fotográfica	**fényképezőgép**	[fe:ɲke:pɛzø:ge:p]
câmara (f) digital	**digitális fényképezőgép**	[digita:liʃ fe:ɲke:pɛzø:ge:p]
aspirador (m)	**porszívó**	[porsi:vo:]
ferro (m) de engomar	**vasaló**	[vɒʃɒlo:]
tábua (f) de engomar	**vasalódeszka**	[vɒʃɒlo:dɛskɒ]
telefone (m)	**telefon**	[tɛlɛfon]
telemóvel (m)	**mobiltelefon**	[mobiltɛlɛfon]
máquina (f) de escrever	**írógép**	[i:ro:ge:p]
máquina (f) de costura	**varrógép**	[vɒrro:ge:p]
microfone (m)	**mikrofon**	[mikrofon]
auscultadores (m pl)	**fejhallgató**	[fɛlhɒllgɒto:]
controlo remoto (m)	**távkapcsoló**	[ta:v kɒpʧolo:]
CD (m)	**CDlemez**	[tsɛdɛlɛmɛz]
cassete (f)	**kazetta**	[kɒzɛttɒ]
disco (m) de vinil	**lemez**	[lɛmɛz]

A TERRA. TEMPO

74. Espaço sideral

cosmos (m)	**világűr**	[vila:gy:r]
cósmico	**űr**	[y:r]
espaço (m) cósmico	**világűr**	[vila:gy:r]
mundo (m)	**világmindenség**	[vila:g mindɛnʃe:g]
universo (m)	**világegyetem**	[vila:gɛɟɛtɛm]
galáxia (f)	**galaxis**	[gɒlɒksis]
estrela (f)	**csillag**	[ʧillɒg]
constelação (f)	**csillagzat**	[ʧillɒgzɒt]
planeta (m)	**bolygó**	[bojgo:]
satélite (m)	**műhold**	[my:hold]
meteorito (m)	**meteorit**	[mɛtɛorit]
cometa (m)	**üstökös**	[yʃtøkøʃ]
asteroide (m)	**aszteroida**	[ɒstɛroidɒ]
órbita (f)	**égitest pályája**	[e:gitɛʃt pa:ja:jɒ]
girar (vi)	**kering**	[kɛriŋg]
atmosfera (f)	**légkör**	[le:gkør]
Sol (m)	**a Nap**	[ɒ nɒp]
Sistema (m) Solar	**naprendszer**	[nɒprɛndsɛr]
eclipse (m) solar	**napfogyatkozás**	[nɒpfoɟotkoza:ʃ]
Terra (f)	**a Föld**	[ɒ føld]
Lua (f)	**a Hold**	[ɒ hold]
Marte (m)	**Mars**	[mɒrʃ]
Vénus (f)	**Vénusz**	[ve:nus]
Júpiter (m)	**Jupiter**	[jupitɛr]
Saturno (m)	**Szaturnusz**	[sɒturnus]
Mercúrio (m)	**Merkúr**	[mɛrkur]
Urano (m)	**Uranus**	[urɒnuʃ]
Neptuno (m)	**Neptunusz**	[nɛptunus]
Plutão (m)	**Plútó**	[plu:to:]
Via Láctea (f)	**Tejút**	[tɛju:t]
Ursa Maior (f)	**Göncölszekér**	[gøntsølsɛke:r]
Estrela Polar (f)	**Sarkcsillag**	[ʃɒrkʧillɒg]
marciano (m)	**marslakó**	[mɒrʃlɒko:]
extraterrestre (m)	**földönkívüli**	[føldøŋki:vyli]
alienígena (m)	**űrlény**	[y:rle:ɲ]

disco (m) voador	**ufó**	[ufo:]
nave (f) espacial	**űrhajó**	[y:rhɒjo:]
estação (f) orbital	**orbitális űrállomás**	[orbita:liʃ y:ra:lloma:ʃ]
lançamento (m)	**rajt**	[rɒjt]
motor (m)	**hajtómű**	[hɒjto:my:]
bocal (m)	**fúvóka**	[fu:vo:kɒ]
combustível (m)	**fűtőanyag**	[fy:tø:ɒɲɒg]
cabine (f)	**fülke**	[fylkɛ]
antena (f)	**antenna**	[ɒntɛnnɒ]
vigia (f)	**hajóablak**	[hɒjo:ɒblɒk]
bateria (f) solar	**napelem**	[nɒpɛlɛm]
traje (m) espacial	**űrhajósruha**	[y:rhɒjo:ʃ ruhɒ]
imponderabilidade (f)	**súlytalanság**	[ʃu:jtɒlɒnʃa:g]
oxigénio (m)	**oxigén**	[oksige:n]
acoplagem (f)	**összekapcsolás**	[øssɛkɒpʧola:ʃ]
fazer uma acoplagem	**összekapcsol**	[øssɛkɒpʧol]
observatório (m)	**csillagvizsgáló**	[ʧillɒgviʒga:lo:]
telescópio (m)	**távcső**	[ta:vʧø:]
observar (vt)	**figyel**	[fiɟɛl]
explorar (vt)	**kutat**	[kutɒt]

75. A Terra

Terra (f)	**a Föld**	[ɒ føld]
globo terrestre (Terra)	**földgolyó**	[føldgojo:]
planeta (m)	**bolygó**	[bojgo:]
atmosfera (f)	**légkör**	[le:gkør]
geografia (f)	**földrajz**	[føldrɒjz]
natureza (f)	**természet**	[tɛrme:sɛt]
globo (mapa esférico)	**földgömb**	[føldgomb]
mapa (m)	**térkép**	[te:rke:p]
atlas (m)	**atlasz**	[ɒtlɒs]
Europa (f)	**Európa**	[ɛuro:pɒ]
Ásia (f)	**Ázsia**	[a:ʒiɒ]
África (f)	**Afrika**	[ɒfrikɒ]
Austrália (f)	**Ausztrália**	[ɒustra:liɒ]
América (f)	**Amerika**	[ɒmɛrikɒ]
América (f) do Norte	**ÉszakAmerika**	[e:sɒkɒmɛrikɒ]
América (f) do Sul	**DélAmerika**	[de:lɒmɛrikɒ]
Antártida (f)	**Antarktisz**	[ɒntɒrktis]
Ártico (m)	**Arktisz**	[ɒrktis]

76. Pontos cardeais

norte (m)	**észak**	[e:sɒk]
para norte	**északra**	[e:sɒkrɒ]
no norte	**északon**	[e:sɒkon]
do norte	**északi**	[e:sɒki]
sul (m)	**dél**	[de:l]
para sul	**délre**	[de:lrɛ]
no sul	**délen**	[de:lɛn]
do sul	**déli**	[de:li]
oeste, ocidente (m)	**nyugat**	[ɲugɒt]
para oeste	**nyugatra**	[ɲugɒtrɒ]
no oeste	**nyugaton**	[ɲugɒton]
ocidental	**nyugati**	[ɲugɒti]
leste, oriente (m)	**kelet**	[kɛlɛt]
para leste	**keletre**	[kɛlɛtrɛ]
no leste	**keleten**	[kɛlɛtɛn]
oriental	**keleti**	[kɛlɛti]

77. Mar. Oceano

mar (m)	**tenger**	[tɛŋgɛr]
oceano (m)	**óceán**	[o:tsɛa:n]
golfo (m)	**öböl**	[øbøl]
estreito (m)	**tengerszoros**	[tɛŋgɛrsoroʃ]
continente (m)	**földrész**	[føldre:s]
ilha (f)	**sziget**	[sigɛt]
península (f)	**félsziget**	[fe:lsigɛt]
arquipélago (m)	**szigetcsoport**	[sigɛtʧoport]
baía (f)	**öböl**	[øbøl]
porto (m)	**rév**	[re:v]
lagoa (f)	**lagúna**	[lɒgu:nɒ]
cabo (m)	**fok**	[fok]
atol (m)	**atoll**	[ɒtoll]
recife (m)	**szirt**	[sirt]
coral (m)	**korall**	[korɒll]
recife (m) de coral	**korallszirt**	[korɒllsirt]
profundo	**mély**	[me:j]
profundidade (f)	**mélység**	[me:jʃe:g]
abismo (m)	**abisszikus**	[abissikus]
fossa (f) oceânica	**mélyedés**	[me:jɛde:ʃ]
corrente (f)	**folyás**	[foja:ʃ]
banhar (vt)	**körülvesz**	[kørylvɛs]
litoral (m)	**part**	[pɒrt]
costa (f)	**part**	[pɒrt]

maré (f) alta	**dagály**	[dɒga:j]
refluxo (m), maré (f) baixa	**apály**	[ɒpa:j]
restinga (f)	**zátony**	[za:toɲ]
fundo (m)	**alj**	[ɒj]
onda (f)	**hullám**	[hulla:m]
crista (f) da onda	**taraj**	[tɒrɒj]
espuma (f)	**hab**	[hɒb]
tempestade (f)	**vihar**	[vihɒr]
furacão (m)	**orkán**	[orka:n]
tsunami (m)	**szökőár**	[søkø:a:r]
calmaria (f)	**szélcsend**	[se:lʧɛnd]
calmo	**csendes**	[ʧɛndɛʃ]
polo (m)	**sark**	[ʃɒrk]
polar	**sarki**	[ʃɒrki]
latitude (f)	**szélesség**	[se:lɛʃe:g]
longitude (f)	**hosszúság**	[hossu:ʃa:g]
paralela (f)	**szélességi kör**	[se:lɛʃe:gi kør]
equador (m)	**egyenlítő**	[ɛɟɛnli:tø:]
céu (m)	**ég**	[e:g]
horizonte (m)	**látóhatár**	[la:to:hɒta:r]
ar (m)	**levegő**	[lɛvɛgø:]
farol (m)	**világítótorony**	[vila:gi:to:toroɲ]
mergulhar (vi)	**lemerül**	[lɛmɛryl]
afundar-se (vr)	**elsüllyed**	[ɛlʃyj:ɛd]
tesouros (m pl)	**kincsek**	[kinʧɛk]

78. Nomes de Mares e Oceanos

Oceano (m) Atlântico	**Atlantióceán**	[ɒtlɒntio:tsɛa:n]
Oceano (m) Índico	**Indiaióceán**	[indiɒio:tsɛa:n]
Oceano (m) Pacífico	**Csendesóceán**	[ʧɛndɛʃo:tsɛa:n]
Oceano (m) Ártico	**Északisarkióceán**	[e:sɒkiʃʃɒrkio:tsɛa:n]
Mar (m) Negro	**Feketetenger**	[fɛkɛtɛtɛŋgɛr]
Mar (m) Vermelho	**Vöröstenger**	[vørøʃtɛŋgɛr]
Mar (m) Amarelo	**Sárgatenger**	[ʃa:rgɒtɛŋgɛr]
Mar (m) Branco	**Fehértenger**	[fɛhe:rtɛŋgɛr]
Mar (m) Cáspio	**Kaszpitenger**	[kɒspitɛŋgɛr]
Mar (m) Morto	**Holttenger**	[holttɛŋgɛr]
Mar (m) Mediterrâneo	**Földközitenger**	[føldkøzitɛŋgɛr]
Mar (m) Egeu	**Égeitenger**	[e:gɛitɛŋgɛr]
Mar (m) Adriático	**Adriaitenger**	[ɒdriɒitɛŋgɛr]
Mar (m) Arábico	**Arabtenger**	[ɒrɒbtɛŋgɛr]
Mar (m) do Japão	**Japántenger**	[jɒpa:ntɛŋgɛr]
Mar (m) de Bering	**Beringtenger**	[bɛriŋtɛŋgɛr]

Mar (m) da China Meridional	**Délkínaitenger**	[de:lki:nɒitɛŋgɛr]
Mar (m) de Coral	**Koralltenger**	[korɒlltɛŋgɛr]
Mar (m) de Tasman	**Tasmántenger**	[tɒsma:ntɛŋgɛr]
Mar (m) do Caribe	**Karibtenger**	[kɒribtɛŋgɛr]
Mar (m) de Barents	**Barentstenger**	[bɒrɛntʧtɛŋgɛr]
Mar (m) de Kara	**Karatenger**	[kɒrɒtɛŋgɛr]
Mar (m) do Norte	**Északitenger**	[e:sɒkitɛŋgɛr]
Mar (m) Báltico	**Baltitenger**	[bɒltitɛŋgɛr]
Mar (m) da Noruega	**Norvégtenger**	[norve:gtɛŋgɛr]

79. Montanhas

montanha (f)	**hegy**	[hɛɟ]
cordilheira (f)	**hegylánc**	[hɛɟla:nts]
serra (f)	**hegygerinc**	[hɛɟgɛrints]
cume (m)	**csúcs**	[ʧu:ʧ]
pico (m)	**hegyfok**	[hɛɟfok]
sopé (m)	**láb**	[la:b]
declive (m)	**lejtő**	[lɛjtø:]
vulcão (m)	**vulkán**	[vulka:n]
vulcão (m) ativo	**működő vulkán**	[mykødø: vulka:n]
vulcão (m) extinto	**kialudt vulkán**	[kiɒlutt vulka:n]
erupção (f)	**kitörés**	[kitøre:ʃ]
cratera (f)	**vulkántölcsér**	[vulka:ntølʧe:r]
magma (m)	**magma**	[mɒgmɒ]
lava (f)	**láva**	[la:vɒ]
fundido (lava ~a)	**izzó**	[izzo:]
desfiladeiro (m)	**kanyon**	[kɒɲon]
garganta (f)	**hegyszoros**	[hɛɟsoroʃ]
fenda (f)	**hasadék**	[hɒʃɒde:k]
passo, colo (m)	**hágó**	[ha:go:]
planalto (m)	**fennsík**	[fɛnnʃi:k]
falésia (f)	**szikla**	[siklɒ]
colina (f)	**domb**	[domb]
glaciar (m)	**gleccser**	[glɛʧɛr]
queda (f) d'água	**vízesés**	[vi:zɛʃe:ʃ]
géiser (m)	**szökőforrás**	[søkø:forra:ʃ]
lago (m)	**tó**	[to:]
planície (f)	**síkság**	[ʃi:kʃa:g]
paisagem (f)	**táj**	[ta:j]
eco (m)	**visszhang**	[visshɒŋg]
alpinista (m)	**alpinista**	[ɒlpiniʃtɒ]
escalador (m)	**sziklamászó**	[siklɒ ma:so:]
conquistar (vt)	**meghódít**	[mɛgho:di:t]
subida, escalada (f)	**megmászás**	[mɛgma:sa:ʃ]

80. Nomes de montanhas

Alpes (m pl)	**Alpok**	[ɒlpok]
monte Branco (m)	**Mont Blanc**	[mont blɒn]
Pirineus (m pl)	**Pireneusok**	[pirɛnɛuʃok]
Cárpatos (m pl)	**Kárpátok**	[ka:rpa:tok]
montes (m pl) Urais	**Urál hegység**	[ura:l hɛɟʃe:g]
Cáucaso (m)	**Kaukázus**	[kɒuka:zuʃ]
Elbrus (m)	**Elbrusz**	[ɛlbrus]
Altai (m)	**Altaj hegység**	[ɒltɒj hɛɟʃe:g]
Tian Shan (m)	**Tiensan**	[tjanʃan]
Pamir (m)	**Pamír**	[pɒmi:r]
Himalaias (m pl)	**Himalája**	[himɒla:jɒ]
monte (m) Everest	**Everest**	[ɛvɛrɛst]
Cordilheira (f) dos Andes	**Andok**	[ɒndok]
Kilimanjaro (m)	**Kilimandzsáró**	[kilimɒndʒa:ro:]

81. Rios

rio (m)	**folyó**	[fojo:]
fonte, nascente (f)	**forrás**	[forra:ʃ]
leito (m) do rio	**meder**	[mɛdɛr]
bacia (f)	**medence**	[mɛdɛntsɛ]
desaguar no ...	**befolyik**	[bɛfojik]
afluente (m)	**mellékfolyó**	[mɛlle:kfojo:]
margem (do rio)	**part**	[pɒrt]
corrente (f)	**folyás**	[foja:ʃ]
rio abaixo	**folyón lefelé**	[fojo:n lɛfɛle:]
rio acima	**folyón fölfelé**	[fojo:n følfɛle:]
inundação (f)	**árvíz**	[a:rvi:z]
cheia (f)	**áradás**	[a:rɒda:ʃ]
transbordar (vi)	**kiárad**	[kia:rɒd]
inundar (vt)	**eláraszt**	[ɛla:rɒst]
banco (m) de areia	**zátony**	[za:toɲ]
rápidos (m pl)	**zuhogó**	[zuhogo:]
barragem (f)	**gát**	[ga:t]
canal (m)	**csatorna**	[ʧɒtornɒ]
reservatório (m) de água	**víztároló**	[vi:zta:rolo:]
eclusa (f)	**zsilip**	[ʒilip]
corpo (m) de água	**vizek**	[vizɛk]
pântano (m)	**mocsár**	[moʧa:r]
tremedal (m)	**ingovány**	[iŋgova:ɲ]
remoinho (m)	**forgatag**	[forgɒtɒg]
arroio, regato (m)	**patak**	[pɒtɒk]

potável	**iható**	[ihɒto:]
doce (água)	**édesvízi**	[e:dɛʃvi:zi]
gelo (m)	**jég**	[je:g]
congelar-se (vr)	**befagy**	[bɛfɒɟ]

82. Nomes de rios

rio Sena (m)	**Szajna**	[sɒjnɒ]
rio Loire (m)	**Loire**	[luɒr]
rio Tamisa (m)	**Temze**	[tɛmzɛ]
rio Reno (m)	**Rajna**	[rɒjnɒ]
rio Danúbio (m)	**Duna**	[dunɒ]
rio Volga (m)	**Volga**	[volgɒ]
rio Don (m)	**Don**	[don]
rio Lena (m)	**Léna**	[le:nɒ]
rio Amarelo (m)	**Sárgafolyó**	[ʃa:rgɒfojo:]
rio Yangtzé (m)	**Jangce**	[jɒŋgtsɛ]
rio Mekong (m)	**Mekong**	[mɛkoŋg]
rio Ganges (m)	**Gangesz**	[gɒŋgɛs]
rio Nilo (m)	**Nílus**	[ni:luʃ]
rio Congo (m)	**Kongó**	[koŋgo:]
rio Cubango (m)	**Okavango**	[okɒvɒŋgo]
rio Zambeze (m)	**Zambézi**	[zɒmbe:zi]
rio Limpopo (m)	**Limpopo**	[limpopo]
rio Mississípi (m)	**Mississippi**	[mississippi]

83. Floresta

floresta (f), bosque (m)	**erdő**	[ɛrdø:]
florestal	**erdő**	[ɛrdø:]
mata (f) cerrada	**sűrűség**	[ʃy:ry:ʃe:g]
arvoredo (m)	**erdőcske**	[ɛrdø:ʧkɛ]
clareira (f)	**tisztás**	[tista:ʃ]
matagal (m)	**bozót**	[bozo:t]
mato (m)	**cserje**	[ʧɛrjɛ]
vereda (f)	**gyalogút**	[ɟologu:t]
ravina (f)	**vízmosás**	[vi:zmoʃa:ʃ]
árvore (f)	**fa**	[fɒ]
folha (f)	**levél**	[lɛve:l]
folhagem (f)	**lomb**	[lomb]
queda (f) das folhas	**lombhullás**	[lombhulla:ʃ]
cair (vi)	**lehull**	[lɛhull]

topo (m)	**tető**	[tɛtø:]
ramo (m)	**ág**	[a:g]
galho (m)	**ág**	[a:g]
botão, rebento (m)	**rügy**	[ryɟ]
agulha (f)	**tűlevél**	[ty:lɛve:l]
pinha (f)	**toboz**	[toboz]
buraco (m) de árvore	**odú**	[odu:]
ninho (m)	**fészek**	[fe:sɛk]
toca (f)	**üreg**	[yrɛg]
tronco (m)	**törzs**	[tørʒ]
raiz (f)	**gyökér**	[ɟøke:r]
casca (f) de árvore	**kéreg**	[ke:rɛg]
musgo (m)	**moha**	[mohɒ]
arrancar pela raiz	**kiás**	[kia:ʃ]
cortar (vt)	**irt**	[irt]
desflorestar (vt)	**irt**	[irt]
toco, cepo (m)	**tönk**	[tøŋk]
fogueira (f)	**tábortűz**	[ta:borty:z]
incêndio (m) florestal	**erdőtűz**	[ɛrdø:ty:z]
apagar (vt)	**olt**	[olt]
guarda-florestal (m)	**erdész**	[ɛrde:s]
proteção (f)	**őrzés**	[ø:rze:ʃ]
proteger (a natureza)	**őriz**	[ø:riz]
caçador (m) furtivo	**vadorzó**	[vɒdorzo:]
armadilha (f)	**csapda**	[ʧɒbdɒ]
colher (cogumelos)	**gombázik**	[gomba:zik]
colher (bagas)	**szed**	[sɛd]
perder-se (vr)	**eltéved**	[ɛlte:vɛd]

84. Recursos naturais

recursos (m pl) naturais	**természeti kincsek**	[tɛrme:sɛti kinʧɛk]
minerais (m pl)	**ásványkincsek**	[a:ʃva:ɲ kinʧɛk]
depósitos (m pl)	**rétegek**	[re:tɛgɛk]
jazida (f)	**lelőhely**	[lɛlø:hɛj]
extrair (vt)	**kitermel**	[kitɛrmɛl]
extração (f)	**kitermelés**	[kitɛrmɛle:ʃ]
minério (m)	**érc**	[e:rts]
mina (f)	**bánya**	[ba:ɲɒ]
poço (m) de mina	**akna**	[ɒknɒ]
mineiro (m)	**bányász**	[ba:nja:s]
gás (m)	**gáz**	[ga:z]
gasoduto (m)	**gázvezeték**	[ga:zvɛzɛte:k]
petróleo (m)	**nyersolaj**	[ɲɛrʃolɒj]
oleoduto (m)	**olajvezeték**	[olɒjvɛzɛte:k]

poço (m) de petróleo	**olajkút**	[olɒjku:t]
torre (f) petrolífera	**fúrótorony**	[fu:ro:toroɲ]
petroleiro (m)	**tartályhajó**	[tɒrta:jhɒjo:]
areia (f)	**homok**	[homok]
calcário (m)	**mészkő**	[me:skø:]
cascalho (m)	**kavics**	[kɒvitʃ]
turfa (f)	**tőzeg**	[tø:zɛg]
argila (f)	**agyag**	[ɒɟog]
carvão (m)	**szén**	[se:n]
ferro (m)	**vas**	[vɒʃ]
ouro (m)	**arany**	[ɒrɒɲ]
prata (f)	**ezüst**	[ɛzyʃt]
níquel (m)	**nikkel**	[nikkɛl]
cobre (m)	**réz**	[re:z]
zinco (m)	**horgany**	[horgɒɲ]
manganês (m)	**mangán**	[mɒŋga:n]
mercúrio (m)	**higany**	[higɒɲ]
chumbo (m)	**ólom**	[o:lom]
mineral (m)	**ásvány**	[a:ʃva:ɲ]
cristal (m)	**kristály**	[kriʃta:j]
mármore (m)	**márvány**	[ma:rva:ɲ]
urânio (m)	**uránium**	[ura:nium]

85. Tempo

tempo (m)	**időjárás**	[idø:ja:ra:ʃ]
previsão (f) do tempo	**időjárásjelentés**	[idø:ja:ra:ʃɛlɛnte:ʃ]
temperatura (f)	**hőmérséklet**	[hø:me:rʃe:klɛt]
termómetro (m)	**hőmérő**	[hø:me:rø:]
barómetro (m)	**légsúlymérő**	[le:gʃu:jme:rø:]
humidade (f)	**nedvesség**	[nɛdvɛʃe:g]
calor (m)	**hőség**	[hø:ʃe:g]
cálido	**forró**	[forro:]
está muito calor	**hőség van**	[hø:ʃe:g vɒn]
está calor	**meleg van**	[mɛlɛg vɒn]
quente	**meleg**	[mɛlɛg]
está frio	**hideg van**	[hidɛg vɒn]
frio	**hideg**	[hidɛg]
sol (m)	**nap**	[nɒp]
brilhar (vi)	**süt**	[ʃyt]
de sol, ensolarado	**napos**	[nɒpoʃ]
nascer (vi)	**felkel**	[fɛlkɛl]
pôr-se (vr)	**lemegy**	[lɛmɛɟ]
nuvem (f)	**felhő**	[fɛlhø:]
nublado	**felhős**	[fɛlhø:ʃ]

nuvem (f) preta	**esőfelhő**	[ɛʃø:fɛlhø:]
escuro, cinzento	**borús**	[boru:ʃ]
chuva (f)	**eső**	[ɛʃø:]
está a chover	**esik az eső**	[ɛʃik ɒz ɛʃø:]
chuvoso	**esős**	[ɛʃø:ʃ]
chuviscar (vi)	**szemerkél**	[sɛmɛrke:l]
chuva (f) torrencial	**zápor**	[za:por]
chuvada (f)	**zápor**	[za:por]
forte (chuva)	**erős**	[ɛrø:ʃ]
poça (f)	**tócsa**	[to:ʧɒ]
molhar-se (vr)	**ázik**	[a:zik]
nevoeiro (m)	**köd**	[kød]
de nevoeiro	**ködös**	[kødøʃ]
neve (f)	**hó**	[ho:]
está a nevar	**havazik**	[hɒvɒzik]

86. Tempo extremo. Catástrofes naturais

trovoada (f)	**zivatar**	[zivɒtɒr]
relâmpago (m)	**villám**	[villa:m]
relampejar (vi)	**villámlik**	[villa:mlik]
trovão (m)	**mennydörgés**	[mɛɲɲdørge:ʃ]
trovejar (vi)	**dörög**	[dørøg]
está a trovejar	**mennydörög**	[mɛɲɲdørøg]
granizo (m)	**jégeső**	[je:gɛʃø:]
está a cair granizo	**jég esik**	[je:g ɛʃik]
inundar (vt)	**elárad**	[ɛla:rɒd]
inundação (f)	**árvíz**	[a:rvi:z]
terremoto (m)	**földrengés**	[føldrɛŋge:ʃ]
abalo, tremor (m)	**lökés**	[løke:ʃ]
epicentro (m)	**epicentrum**	[ɛpitsɛntrum]
erupção (f)	**kitörés**	[kitøre:ʃ]
lava (f)	**láva**	[la:vɒ]
turbilhão (m)	**forgószél**	[forgo:se:l]
tornado (m)	**tornádó**	[torna:do:]
tufão (m)	**tájfun**	[ta:jfun]
furacão (m)	**orkán**	[orka:n]
tempestade (f)	**vihar**	[vihɒr]
tsunami (m)	**szökőár**	[søkø:a:r]
ciclone (m)	**ciklon**	[tsiklon]
mau tempo (m)	**rossz idő**	[ross idø:]
incêndio (m)	**tűz**	[ty:z]
catástrofe (f)	**katasztrófa**	[kɒtɒstro:fɒ]

meteorito (m)	**meteorit**	[mɛtɛorit]
avalanche (f)	**lavina**	[lɒvinɒ]
deslizamento (m) de neve	**hógörgeteg**	[ho:gørgɛtɛg]
nevasca (f)	**hóvihar**	[ho:vihɒr]
tempestade (f) de neve	**hóvihar**	[ho:vihɒr]

FAUNA

87. Mamíferos. Predadores

predador (m)	**ragadozó állat**	[rɒgɒdozo: a:llɒt]
tigre (m)	**tigris**	[tigriʃ]
leão (m)	**oroszlán**	[orosla:n]
lobo (m)	**farkas**	[fɒrkɒʃ]
raposa (f)	**róka**	[ro:kɒ]
jaguar (m)	**jaguár**	[jɒgua:r]
leopardo (m)	**leopárd**	[lɛopa:rd]
chita (f)	**gepárd**	[gɛpa:rd]
pantera (f)	**párduc**	[pa:rduts]
puma (m)	**puma**	[pumɒ]
leopardo-das-neves (m)	**hópárduc**	[ho:pa:rduts]
lince (m)	**hiúz**	[hiu:z]
coiote (m)	**prérifarkas**	[pre:rifɒrkɒʃ]
chacal (m)	**sakál**	[ʃɒka:l]
hiena (f)	**hiéna**	[hie:nɒ]

88. Animais selvagens

animal (m)	**állat**	[a:llɒt]
besta (f)	**vadállat**	[vɒda:llɒt]
esquilo (m)	**mókus**	[mo:kuʃ]
ouriço (m)	**sündisznó**	[ʃyndisno:]
lebre (f)	**nyúl**	[ɲu:l]
coelho (m)	**nyúl**	[ɲu:l]
texugo (m)	**borz**	[borz]
guaxinim (m)	**mosómedve**	[moʃo:mɛdvɛ]
hamster (m)	**hörcsög**	[hørʧøg]
marmota (f)	**mormota**	[mormotɒ]
toupeira (f)	**vakond**	[vɒkond]
rato (m)	**egér**	[ɛge:r]
ratazana (f)	**patkány**	[pɒtka:ɲ]
morcego (m)	**denevér**	[dɛnɛve:r]
arminho (m)	**hermelin**	[hɛrmɛlin]
zibelina (f)	**coboly**	[tsoboj]
marta (f)	**nyuszt**	[ɲust]
doninha (f)	**menyét**	[mɛɲe:t]
vison (m)	**nyérc**	[ɲe:rts]

castor (m)	**hódprém**	[ho:dpre:m]
lontra (f)	**vidra**	[vidrɒ]
cavalo (m)	**ló**	[lo:]
alce (m)	**jávorszarvas**	[ja:vorsɒrvɒʃ]
veado (m)	**szarvas**	[sɒrvɒʃ]
camelo (m)	**teve**	[tɛvɛ]
bisão (m)	**bölény**	[bøle:ɲ]
auroque (m)	**európai bölény**	[ɛuro:pɒj bøle:ɲ]
búfalo (m)	**bivaly**	[bivɒj]
zebra (f)	**zebra**	[zɛbrɒ]
antílope (m)	**antilop**	[ɒntilop]
corça (f)	**őz**	[ø:z]
gamo (m)	**dámszarvas**	[da:msɒrvɒʃ]
camurça (f)	**zerge**	[zɛrgɛ]
javali (m)	**vaddisznó**	[vɒddisno:]
baleia (f)	**bálna**	[ba:lnɒ]
foca (f)	**fóka**	[fo:kɒ]
morsa (f)	**rozmár**	[rozma:r]
urso-marinho (m)	**medvefóka**	[mɛdvɛfo:kɒ]
golfinho (m)	**delfin**	[dɛlfin]
urso (m)	**medve**	[mɛdvɛ]
urso (m) branco	**jegesmedve**	[jɛgɛʃmɛdvɛ]
panda (m)	**panda**	[pɒndɒ]
macaco (em geral)	**majom**	[mɒjom]
chimpanzé (m)	**csimpánz**	[ʧimpa:nz]
orangotango (m)	**orangután**	[orɒŋguta:n]
gorila (m)	**gorilla**	[gorillɒ]
macaco (m)	**makákó**	[mɒka:ko:]
gibão (m)	**gibbon**	[gibbon]
elefante (m)	**elefánt**	[ɛlɛfa:nt]
rinoceronte (m)	**orrszarvú**	[orrsɒrvu:]
girafa (f)	**zsiráf**	[ʒira:f]
hipopótamo (m)	**víziló**	[vi:zilo:]
canguru (m)	**kenguru**	[kɛŋguru]
coala (m)	**koala**	[koɒlɒ]
mangusto (m)	**mongúz**	[moŋgu:z]
chinchila (m)	**csincsilla**	[ʧinʧillɒ]
doninha-fedorenta (f)	**bűzös borz**	[by:zøʃ borz]
porco-espinho (m)	**tarajos sül**	[tɒrɒjoʃ ʃyl]

89. Animais domésticos

gata (f)	**macska**	[mɒʧkɒ]
gato (m) macho	**kandúr**	[kɒndu:r]
cavalo (m)	**ló**	[lo:]

garanhão (m)	**mén**	[me:n]
égua (f)	**kanca**	[kɒntsɒ]
vaca (f)	**tehén**	[tɛhe:n]
touro (m)	**bika**	[bikɒ]
boi (m)	**ökör**	[økør]
ovelha (f)	**juh**	[juh]
carneiro (m)	**kos**	[koʃ]
cabra (f)	**kecske**	[kɛʧkɛ]
bode (m)	**bakkecske**	[bɒkkɛʧkɛ]
burro (m)	**szamár**	[sɒma:r]
mula (f)	**öszvér**	[øsve:r]
porco (m)	**disznó**	[disno:]
leitão (m)	**malac**	[mɒlɒts]
coelho (m)	**nyúl**	[ɲu:l]
galinha (f)	**tyúk**	[cu:k]
galo (m)	**kakas**	[kɒkɒʃ]
pata (f)	**kacsa**	[kɒʧɒ]
pato (macho)	**gácsér**	[ga:ʧe:r]
ganso (m)	**liba**	[libɒ]
peru (m)	**pulykakakas**	[pujkɒkɒkɒʃ]
perua (f)	**pulyka**	[pujkɒ]
animais (m pl) domésticos	**háziállatok**	[ha:zi a:llɒtok]
domesticado	**szelíd**	[sɛli:d]
domesticar (vt)	**megszelídít**	[mɛgsɛli:di:t]
criar (vt)	**tenyészt**	[tɛne:st]
quinta (f)	**telep**	[tɛlɛp]
aves (f pl) domésticas	**baromfi**	[bɒromfi]
gado (m)	**jószág**	[jo:sa:g]
rebanho (m), manada (f)	**nyáj**	[nja:j]
estábulo (m)	**istálló**	[iʃta:llo:]
pocilga (f)	**disznóól**	[disno:o:l]
estábulo (m)	**tehénistálló**	[tɛhe:niʃta:llo:]
coelheira (f)	**nyúlketrec**	[ɲu:lkɛtrɛts]
galinheiro (m)	**tyúkól**	[cu:ko:l]

90. Pássaros

pássaro (m), ave (f)	**madár**	[mɒda:r]
pombo (m)	**galamb**	[gɒlɒmb]
pardal (m)	**veréb**	[vɛre:b]
chapim-real (m)	**cinke**	[tsiŋkɛ]
pega-rabuda (f)	**szarka**	[sɒrkɒ]
corvo (m)	**holló**	[hollo:]
gralha (f) cinzenta	**varjú**	[vɒrju:]

gralha-de-nuca-cinzenta (f)	**csóka**	[ʧo:kɒ]
gralha-calva (f)	**vetési varjú**	[vɛte:ʃi vɒrju:]
pato (m)	**kacsa**	[kɒʧɒ]
ganso (m)	**liba**	[libɒ]
faisão (m)	**fácán**	[fa:tsa:n]
águia (f)	**sas**	[ʃɒʃ]
açor (m)	**héja**	[he:jɒ]
falcão (m)	**sólyom**	[ʃo:jom]
abutre (m)	**griff**	[griff]
condor (m)	**kondor**	[kondor]
cisne (m)	**hattyú**	[hɒc:u:]
grou (m)	**daru**	[dɒru]
cegonha (f)	**gólya**	[go:jɒ]
papagaio (m)	**papagáj**	[pɒpɒga:j]
beija-flor (m)	**kolibri**	[kolibri]
pavão (m)	**páva**	[pa:vɒ]
avestruz (m)	**strucc**	[ʃtruts]
garça (f)	**kócsag**	[ko:ʧɒg]
flamingo (m)	**flamingó**	[flɒmiŋgo:]
pelicano (m)	**pelikán**	[pɛlika:n]
rouxinol (m)	**fülemüle**	[fylɛmylɛ]
andorinha (f)	**fecske**	[fɛʧkɛ]
tordo-zornal (m)	**rigó**	[rigo:]
tordo-músico (m)	**énekes rigó**	[e:nɛkɛʃ rigo:]
melro-preto (m)	**fekete rigó**	[fɛkɛtɛ rigo:]
andorinhão (m)	**sarlós fecske**	[ʃɒrlo:ʃ fɛʧkɛ]
cotovia (f)	**pacsirta**	[pɒʧirtɒ]
codorna (f)	**fürj**	[fyrj]
pica-pau (m)	**harkály**	[hɒrka:j]
cuco (m)	**kakukk**	[kɒkukk]
coruja (f)	**bagoly**	[bɒgoj]
corujão, bufo (m)	**fülesbagoly**	[fylɛʃbɒgoj]
tetraz-grande (m)	**süketfajd**	[ʃykɛtfɒjd]
tetraz-lira (m)	**nyírfajd**	[ɲi:rfɒjd]
perdiz-cinzenta (f)	**fogoly**	[fogoj]
estorninho (m)	**seregély**	[ʃɛrɛge:j]
canário (m)	**kanári**	[kɒna:ri]
galinha-do-mato (f)	**császármadár**	[ʧa:sa:rmɒda:r]
tentilhão (m)	**erdei pinty**	[ɛrdɛi piɲc]
dom-fafe (m)	**pirók**	[piro:k]
gaivota (f)	**sirály**	[ʃira:j]
albatroz (m)	**albatrosz**	[ɒlbɒtros]
pinguim (m)	**pingvin**	[piŋgvin]

91. Peixes. Animais marinhos

brema (f)	**dévérkeszeg**	[de:ve:rkɛsɛg]
carpa (f)	**ponty**	[poɲc]
perca (f)	**folyami sügér**	[fojɒmi ʃyge:r]
siluro (m)	**harcsa**	[hɒrʧɒ]
lúcio (m)	**csuka**	[ʧukɒ]
salmão (m)	**lazac**	[lɒzɒts]
esturjão (m)	**tokhal**	[tokhɒl]
arenque (m)	**hering**	[hɛriŋg]
salmão (m)	**lazac**	[lɒzɒts]
cavala, sarda (f)	**makréla**	[mɒkre:lɒ]
solha (f)	**lepényhal**	[lɛpe:ɲhɒl]
lúcio perca (m)	**fogas**	[fogɒʃ]
bacalhau (m)	**tőkehal**	[tø:kɛhɒl]
atum (m)	**tonhal**	[tonhɒl]
truta (f)	**pisztráng**	[pistra:ŋg]
enguia (f)	**angolna**	[ɒŋgolnɒ]
raia elétrica (f)	**villamos rája**	[villɒmoʃ ra:jɒ]
moreia (f)	**muréna**	[mure:nɒ]
piranha (f)	**pirája**	[pira:jo]
tubarão (m)	**cápa**	[tsa:pɒ]
golfinho (m)	**delfin**	[dɛlfin]
baleia (f)	**bálna**	[ba:lnɒ]
caranguejo (m)	**tarisznyarák**	[tɒrisɲɒra:k]
medusa, alforreca (f)	**medúza**	[mɛdu:zɒ]
polvo (m)	**nyolckarú polip**	[ɲoltskɒru: polip]
estrela-do-mar (f)	**tengeri csillag**	[tɛŋgɛri ʧillɒg]
ouriço-do-mar (m)	**tengeri sün**	[tɛŋgɛri ʃyn]
cavalo-marinho (m)	**tengeri csikó**	[tɛŋgɛri ʧiko:]
ostra (f)	**osztriga**	[ostrigɒ]
camarão (m)	**garnélarák**	[gɒrne:lɒra:k]
lavagante (m)	**homár**	[homa:r]
lagosta (f)	**languszta**	[lɒŋgustɒ]

92. Amfíbios. Répteis

serpente, cobra (f)	**kígyó**	[ki:ɟø:]
venenoso	**mérges**	[me:rgɛʃ]
víbora (f)	**vipera**	[vipɛrɒ]
cobra-capelo, naja (f)	**kobra**	[kobrɒ]
pitão (m)	**piton**	[piton]
jiboia (f)	**boa**	[boɒ]
cobra-de-água (f)	**sikló**	[ʃiklo:]

cascavel (f)	**csörgőkígyó**	[ʧørgø:kiɟø:]
anaconda (f)	**anakonda**	[ɒnɒkondɒ]
lagarto (m)	**gyík**	[ɟi:k]
iguana (f)	**leguán**	[lɛgua:n]
varano (m)	**varánusz**	[vɒra:nus]
salamandra (f)	**szalamandra**	[sɒlɒmɒndrɒ]
camaleão (m)	**kaméleon**	[kɒme:lɛon]
escorpião (m)	**skorpió**	[ʃkorpio:]
tartaruga (f)	**teknősbéka**	[tɛknø:ʃbe:kɒ]
rã (f)	**béka**	[be:kɒ]
sapo (m)	**varangy**	[vɒrɒɲɟ]
crocodilo (m)	**krokodil**	[krokodil]

93. Insetos

inseto (m)	**rovar**	[rovɒr]
borboleta (f)	**lepke**	[lɛpkɛ]
formiga (f)	**hangya**	[hɒɲɟɒ]
mosca (f)	**légy**	[le:ɟ]
mosquito (m)	**szúnyog**	[su:nøg]
escaravelho (m)	**bogár**	[boga:r]
vespa (f)	**darázs**	[dɒra:ʒ]
abelha (f)	**méh**	[me:h]
mamangava (f)	**poszméh**	[posme:h]
moscardo (m)	**bögöly**	[bøgøj]
aranha (f)	**pók**	[po:k]
teia (f) de aranha	**pókháló**	[po:kha:lo:]
libélula (f)	**szitakötő**	[sitɒkøtø:]
gafanhoto-do-campo (m)	**tücsök**	[tyʧøk]
traça (f)	**pillangó**	[pillɒŋgo:]
barata (f)	**svábbogár**	[ʃva:bboga:r]
carraça (f)	**kullancs**	[kullɒnʧ]
pulga (f)	**bolha**	[bolhɒ]
borrachudo (m)	**muslica**	[muʃlitsɒ]
gafanhoto (m)	**sáska**	[ʃa:ʃkɒ]
caracol (m)	**csiga**	[ʧigɒ]
grilo (m)	**tücsök**	[tyʧøk]
pirilampo (m)	**szentjánosbogár**	[sɛntja:noʃboga:r]
joaninha (f)	**katicabogár**	[kɒtitsɒboga:r]
besouro (m)	**cserebogár**	[ʧɛrɛboga:r]
sanguessuga (f)	**pióca**	[pio:tsɒ]
lagarta (f)	**hernyó**	[hɛrnø:]
minhoca (f)	**kukac**	[kukɒts]
larva (f)	**lárva**	[la:rvɒ]

FLORA

94. Árvores

árvore (f)	**fa**	[fɒ]
decídua	**lombos**	[lomboʃ]
conífera	**tűlevelű**	[ty:lɛvɛly:]
perene	**örökzöld**	[ørøgzøld]
macieira (f)	**almafa**	[ɒlmɒfɒ]
pereira (f)	**körte**	[kørtɛ]
cerejeira (f)	**cseresznyefa**	[ʧɛrɛsnɛfɒ]
ginjeira (f)	**meggyfa**	[mɛdɟfɒ]
ameixeira (f)	**szilvafa**	[silvɒfɒ]
bétula (f)	**nyírfa**	[ɲi:rfɒ]
carvalho (m)	**tölgy**	[tølɟ]
tília (f)	**hársfa**	[ha:rʃfɒ]
choupo-tremedor (m)	**rezgő nyár**	[rɛzgø: ɲa:r]
bordo (m)	**jávorfa**	[ja:vorfɒ]
espruce-europeu (m)	**lucfenyő**	[lutsfɛɲø:]
pinheiro (m)	**erdei fenyő**	[ɛrdɛi fɛɲø:]
alerce, lariço (m)	**vörösfenyő**	[vørøʃfɛɲø:]
abeto (m)	**jegenyefenyő**	[jɛgɛnɛfɛɲø:]
cedro (m)	**cédrus**	[tse:druʃ]
choupo, álamo (m)	**nyárfa**	[ɲa:rfɒ]
tramazeira (f)	**berkenye**	[bɛrkɛnɛ]
salgueiro (m)	**fűzfa**	[fy:zfɒ]
amieiro (m)	**égerfa**	[ɛge:rfɒ]
faia (f)	**bükkfa**	[bykkfɒ]
ulmeiro (m)	**szilfa**	[silfɒ]
freixo (m)	**kőrisfa**	[kø:riʃfɒ]
castanheiro (m)	**gesztenye**	[gɛstɛnɛ]
magnólia (f)	**magnólia**	[mɒgno:liɒ]
palmeira (f)	**pálma**	[pa:lmɒ]
cipreste (m)	**ciprusfa**	[tsipruʃfɒ]
mangue (m)	**mangrove**	[mɒŋgrov]
embondeiro, baobá (m)	**Majomkenyérfa**	[mɒjomkɛne:rfɒ]
eucalipto (m)	**eukaliptusz**	[ɛukɒliptus]
sequoia (f)	**mamutfenyő**	[mɒmutfɛɲø:]

95. Arbustos

arbusto (m)	**bokor**	[bokor]
arbusto (m), moita (f)	**cserje**	[ʧɛrjɛ]

videira (f)	**szőlő**	[sø:lø:]
vinhedo (m)	**szőlőskert**	[sø:lø:ʃkɛrt]
framboeseira (f)	**málna**	[ma:lnɒ]
groselheira-vermelha (f)	**ribizli**	[ribizli]
groselheira (f) espinhosa	**egres**	[ɛgrɛʃ]
acácia (f)	**akácfa**	[ɒka:tsfɒ]
bérberis (f)	**sóskaborbolya**	[ʃo:ʃkɒ borbojɒ]
jasmim (m)	**jázmin**	[ja:zmin]
junípero (m)	**boróka**	[boro:kɒ]
roseira (f)	**rózsabokor**	[ro:ʒɒ bokor]
roseira (f) brava	**vadrózsa**	[vɒdro:ʒɒ]

96. Frutos. Bagas

maçã (f)	**alma**	[ɒlmɒ]
pera (f)	**körte**	[kørtɛ]
ameixa (f)	**szilva**	[silvɒ]
morango (m)	**eper**	[ɛpɛr]
ginja (f)	**meggy**	[mɛdɟ]
cereja (f)	**cseresznye**	[ʧɛrɛsnɛ]
uva (f)	**szőlő**	[sø:lø:]
framboesa (f)	**málna**	[ma:lnɒ]
groselha (f) preta	**feketeribizli**	[fɛkɛtɛ ribizli]
groselha (f) vermelha	**pirosribizli**	[piroʃribizli]
groselha (f) espinhosa	**egres**	[ɛgrɛʃ]
oxicoco (m)	**áfonya**	[a:foɲɒ]
laranja (f)	**narancs**	[nɒrɒnʧ]
tangerina (f)	**mandarin**	[mɒndɒrin]
ananás (m)	**ananász**	[ɒnɒna:s]
banana (f)	**banán**	[bɒna:n]
tâmara (f)	**datolya**	[dɒtojɒ]
limão (m)	**citrom**	[tsitrom]
damasco (m)	**sárgabarack**	[ʃa:rgɒbɒrɒtsk]
pêssego (m)	**őszibarack**	[ø:sibɒrɒtsk]
kiwi (m)	**kivi**	[kivi]
toranja (f)	**citrancs**	[tsitrɒnʧ]
baga (f)	**bogyó**	[boɟø:]
bagas (f pl)	**bogyók**	[boɟø:k]
arando (m) vermelho	**vörös áfonya**	[vørøʃ a:foɲɒ]
morango-silvestre (m)	**szamóca**	[sɒmo:tsɒ]
mirtilo (m)	**fekete áfonya**	[fɛkɛtɛ a:foɲɒ]

97. Flores. Plantas

flor (f)	**virág**	[vira:g]
ramo (m) de flores	**csokor**	[ʧokor]

rosa (f)	**rózsa**	[ro:ʒɒ]
tulipa (f)	**tulipán**	[tulipa:n]
cravo (m)	**szegfű**	[sɛgfy:]
gladíolo (m)	**gladiólusz**	[glɒdio:lus]
centáurea (f)	**búzavirág**	[bu:zɒvira:g]
campânula (f)	**harangvirág**	[hɒrɒŋgvira:g]
dente-de-leão (m)	**pitypang**	[picpɒŋg]
camomila (f)	**kamilla**	[kɒmillɒ]
aloé (m)	**aloé**	[ɒloe:]
cato (m)	**kaktusz**	[kɒktus]
fícus (m)	**gumifa**	[gumifɒ]
lírio (m)	**liliom**	[liliom]
gerânio (m)	**muskátli**	[muʃka:tli]
jacinto (m)	**jácint**	[ja:tsint]
mimosa (f)	**mimóza**	[mimo:zɒ]
narciso (m)	**nárcisz**	[na:rtsis]
capuchinha (f)	**sarkantyúvirág**	[ʃɒrkɒɲcu:vira:g]
orquídea (f)	**orchidea**	[orhidɛɒ]
peónia (f)	**pünkösdi rózsa**	[pyŋkøʃdi ro:ʒɒ]
violeta (f)	**ibolya**	[ibojɒ]
amor-perfeito (m)	**árvácska**	[a:rva:rʧkɒ]
não-me-esqueças (m)	**nefelejcs**	[nɛfɛlɛjʧ]
margarida (f)	**százszorszép**	[sa:zsorse:p]
papoula (f)	**mák**	[ma:k]
cânhamo (m)	**kender**	[kɛndɛr]
hortelã (f)	**menta**	[mɛntɒ]
lírio-do-vale (m)	**gyöngyvirág**	[døɲɟvira:g]
campânula-branca (f)	**hóvirág**	[ho:vira:g]
urtiga (f)	**csalán**	[ʧɒla:n]
azeda (f)	**sóska**	[ʃo:ʃkɒ]
nenúfar (m)	**tündérrózsa**	[tynde:rro:ʒɒ]
feto (m), samambaia (f)	**páfrány**	[pa:fra:ɲ]
líquen (m)	**sömör**	[ʃømør]
estufa (f)	**melegház**	[mɛlɛkha:z]
relvado (m)	**gyep**	[ɟɛp]
canteiro (m) de flores	**virágágy**	[vira:ga:ɟ]
planta (f)	**növény**	[nøve:ɲ]
erva (f)	**fű**	[fy:]
folha (f) de erva	**fűszál**	[fy:sa:l]
folha (f)	**levél**	[lɛve:l]
pétala (f)	**szirom**	[sirom]
talo (m)	**szár**	[sa:r]
tubérculo (m)	**gumó**	[gumo:]
broto, rebento (m)	**hajtás**	[hɒjta:ʃ]

espinho (m)	**tüske**	[tyʃkɛ]
florescer (vi)	**virágzik**	[vira:gzik]
murchar (vi)	**elhervad**	[ɛlhɛrvɒd]
cheiro (m)	**illat**	[illɒt]
cortar (flores)	**lemetsz**	[lɛmɛts]
colher (uma flor)	**leszakít**	[lɛsɒki:t]

98. Cereais, grãos

grão (m)	**gabona**	[gɒbonɒ]
cereais (plantas)	**gabonanövény**	[gɒbonɒnøve:ɲ]
espiga (f)	**kalász**	[kɒla:s]
trigo (m)	**búza**	[bu:zɒ]
centeio (m)	**rozs**	[roʒ]
aveia (f)	**zab**	[zɒb]
milho-miúdo (m)	**köles**	[kølɛʃ]
cevada (f)	**árpa**	[a:rpɒ]
milho (m)	**kukorica**	[kukoritsɒ]
arroz (m)	**rizs**	[riʒ]
trigo-sarraceno (m)	**hajdina**	[hɒjdinɒ]
ervilha (f)	**borsó**	[borʃo:]
feijão (m)	**bab**	[bɒb]
soja (f)	**szója**	[so:jɒ]
lentilha (f)	**lencse**	[lɛnʧɛ]
fava (f)	**bab**	[bɒb]

PAÍSES DO MUNDO

99. Países. Parte 1

Afeganistão (m)	**Afganisztán**	[ɒfgɒnista:n]
África do Sul (f)	**DélAfrikai Köztársaság**	[de:lɒfrikɒi køsta:rʃɒʃa:g]
Albânia (f)	**Albánia**	[ɒlba:niɒ]
Alemanha (f)	**Németország**	[ne:mɛtorsa:g]
Arábia (f) Saudita	**SzaúdArábia**	[sɒu:dɒra:biɒ]
Argentina (f)	**Argentína**	[ɒrgɛnti:nɒ]
Arménia (f)	**Örményország**	[ørme:ɲorsa:g]
Austrália (f)	**Ausztrália**	[ɒustra:liɒ]
Áustria (f)	**Ausztria**	[ɒustriɒ]
Azerbaijão (m)	**Azerbajdzsán**	[ɒzɛrbɒjʤa:n]
Bahamas (f pl)	**Bahamaszigetek**	[bɒhɒmɒsigɛtɛk]
Bangladesh (m)	**Banglades**	[bɒŋglɒdɛʃ]
Bélgica (f)	**Belgium**	[bɛlgium]
Bielorrússia (f)	**Fehéroroszország**	[fɛhe:rorosorsa:g]
Bolívia (f)	**Bolívia**	[boli:viɒ]
Bósnia e Herzegovina (f)	**Bosznia és Hercegovina**	[bosniɒ e:ʃ hɛntsɛgovinɒ]
Brasil (m)	**Brazília**	[brɒzi:liɒ]
Bulgária (f)	**Bulgária**	[bulga:riɒ]
Camboja (f)	**Kambodzsa**	[kɒmboʤɒ]
Canadá (m)	**Kanada**	[kɒnɒdɒ]
Cazaquistão (m)	**Kazahsztán**	[kɒzɒhsta:n]
Chile (m)	**Chile**	[ʧilɛ]
China (f)	**Kína**	[ki:nɒ]
Chipre (m)	**Ciprus**	[tsipruʃ]
Colômbia (f)	**Kolumbia**	[kolumbiɒ]
Coreia do Norte (f)	**ÉszakKorea**	[e:sɒkkorɛɒ]
Coreia do Sul (f)	**DélKorea**	[de:lkorɛɒ]
Croácia (f)	**Horvátország**	[horva:torsa:g]
Cuba (f)	**Kuba**	[kubɒ]
Dinamarca (f)	**Dánia**	[da:niɒ]
Egito (m)	**Egyiptom**	[ɛɟiptom]
Emirados Árabes Unidos	**Egyesült Arab Köztársaság**	[ɛɟɛʃylt ɒrɒb køzta:rʃɒʃa:g]
Equador (m)	**Ecuador**	[ɛkuɒdor]
Escócia (f)	**Skócia**	[ʃko:tsiɒ]
Eslováquia (f)	**Szlovákia**	[slova:kiɒ]
Eslovénia (f)	**Szlovénia**	[slove:niɒ]
Espanha (f)	**Spanyolország**	[ʃpɒɲolorsa:g]
Estados Unidos da América	**Amerikai Egyesült Államok**	[ɒmɛrikɒi ɛɟɛʃylt a:llɒmok]
Estónia (f)	**Észtország**	[e:storsa:g]

Finlândia (f)	**Finnország**	[finnorsa:g]
França (f)	**Franciaország**	[frɒntsiɒorsa:g]

100. Países. Parte 2

Gana (f)	**Ghána**	[ga:nɒ]
Geórgia (f)	**Grúzia**	[gru:ziɒ]
Grã-Bretanha (f)	**NagyBritannia**	[nɒɟbritɒɲiɒ]
Grécia (f)	**Görögország**	[gørøgorsa:g]
Haiti (m)	**Haiti**	[hɒiti]
Hungria (f)	**Magyarország**	[mɒɟɒrorsa:g]
Índia (f)	**India**	[indiɒ]
Indonésia (f)	**Indonézia**	[indone:ziɒ]
Inglaterra (f)	**Anglia**	[ɒŋgliɒ]
Irão (m)	**Irán**	[ira:n]
Iraque (m)	**Irak**	[irɒk]
Irlanda (f)	**Írország**	[i:rorsa:g]
Islândia (f)	**Izland**	[izlɒnd]
Israel (m)	**Izrael**	[izrɒɛl]
Itália (f)	**Olaszország**	[olɒsorsa:g]
Jamaica (f)	**Jamaica**	[jamɒjkɒ]
Japão (m)	**Japán**	[jɒpa:n]
Jordânia (f)	**Jordánia**	[jorda:niɒ]
Kuwait (m)	**Kuvait**	[kuvɛjt]
Laos (m)	**Laosz**	[lɒos]
Letónia (f)	**Lettország**	[lɛttorsa:g]
Líbano (m)	**Libanon**	[libɒnon]
Líbia (f)	**Líbia**	[li:biɒ]
Liechtenstein (m)	**Liechtenstein**	[lihtɛnʃtɒjn]
Lituânia (f)	**Litvánia**	[litva:niɒ]
Luxemburgo (m)	**Luxemburg**	[luksɛmburg]
Macedónia (f)	**Macedónia**	[mɒtsɛdo:niɒ]
Madagáscar (m)	**Madagaszkár**	[mɒdɒgɒska:r]
Malásia (f)	**Malajzia**	[mɒlɒjziɒ]
Malta (f)	**Málta**	[ma:ltɒ]
Marrocos	**Marokkó**	[mɒrokko:]
México (m)	**Mexikó**	[mɛksiko:]
Myanmar (m), Birmânia (f)	**Mianmar**	[miɒnmɒr]
Moldávia (f)	**Moldova**	[moldovɒ]
Mónaco (m)	**Monaco**	[monɒko]
Mongólia (f)	**Mongólia**	[moŋgo:liɒ]
Montenegro (m)	**Montenegró**	[montɛnɛgro:]
Namíbia (f)	**Namíbia**	[nɒmi:biɒ]
Nepal (m)	**Nepál**	[nɛpa:l]
Noruega (f)	**Norvégia**	[norve:giɒ]
Nova Zelândia (f)	**ÚjZéland**	[u:jze:lɒnd]

101. Países. Parte 3

Países (m pl) Baixos	**Németalföld**	[ne:mɛtɒlføld]
Palestina (f)	**Palesztína**	[pɒlɛstinɒ]
Panamá (m)	**Panama**	[pɒnɒmɒ]
Paquistão (m)	**Pakisztán**	[pɒkista:n]
Paraguai (m)	**Paraguay**	[pɒrɒguɒj]
Peru (m)	**Peru**	[pɛru]
Polinésia Francesa (f)	**Francia Polinézia**	[frɒntsiɒ poline:ziɒ]
Polónia (f)	**Lengyelország**	[lɛɲɟɛlorsa:g]
Portugal (m)	**Portugália**	[portuga:liɒ]
Quénia (f)	**Kenya**	[kɛɲɒ]
Quirguistão (m)	**Kirgizisztán**	[kirgizista:n]
República (f) Checa	**Csehország**	[ʧɛorsa:g]
República (f) Dominicana	**Dominikánus Köztársaság**	[dominika:nuʃ køsta:rʃɒʃa:g]
Roménia (f)	**Románia**	[roma:niɒ]
Rússia (f)	**Oroszország**	[orosorsa:g]
Senegal (m)	**Szenegál**	[sɛnɛga:l]
Sérvia (f)	**Szerbia**	[sɛrbiɒ]
Síria (f)	**Szíria**	[si:riɒ]
Suécia (f)	**Svédország**	[ʃve:dorsa:g]
Suíça (f)	**Svájc**	[ʃva:jts]
Suriname (m)	**Suriname**	[surinɒm]
Tailândia (f)	**Thaiföld**	[tɒjføld]
Taiwan (m)	**Tajvan**	[tɒjvɒn]
Tajiquistão (m)	**Tádzsikisztán**	[ta:ʤikista:n]
Tanzânia (f)	**Tanzánia**	[tɒnza:niɒ]
Tasmânia (f)	**Tasmánia**	[tɒsma:niɒ]
Tunísia (f)	**Tunisz**	[tunis]
Turquemenistão (m)	**Türkmenisztán**	[tyrkmɛnista:n]
Turquia (f)	**Törökország**	[tørøkorsa:g]
Ucrânia (f)	**Ukrajna**	[ukrɒjnɒ]
Uruguai (m)	**Uruguay**	[uruguɒj]
Uzbequistão (f)	**Üzbegisztán**	[yzbɛgista:n]
Vaticano (m)	**Vatikán**	[vɒtika:n]
Venezuela (f)	**Venezuela**	[vɛnɛzuɛlɒ]
Vietname (m)	**Vietnam**	[viɛtnɒm]
Zanzibar (m)	**Zanzibár**	[zɒnziba:r]

www.ingramcontent.com/pod-product-compliance
Lightning Source LLC
Chambersburg PA
CBHW070828050426
42452CB00011B/2218
* 9 7 8 1 7 8 4 0 0 9 4 7 2 *